# Ángeles de la Guarda

*Descubra cómo conectarse con guías espirituales, ángeles, seres queridos fallecidos, arcángeles, animales espirituales, antepasados y otros ayudantes*

© Copyright 2024

Todos los derechos reservados. Ninguna parte de este libro puede ser reproducida de ninguna forma sin el permiso escrito del autor. Los revisores pueden citar breves pasajes en las reseñas.

Descargo de responsabilidad: Ninguna parte de esta publicación puede ser reproducida o transmitida de ninguna forma o por ningún medio, mecánico o electrónico, incluyendo fotocopias o grabaciones, o por ningún sistema de almacenamiento y recuperación de información, o transmitida por correo electrónico sin permiso escrito del editor.

Si bien se ha hecho todo lo posible por verificar la información proporcionada en esta publicación, ni el autor ni el editor asumen responsabilidad alguna por los errores, omisiones o interpretaciones contrarias al tema aquí tratado.

Este libro es solo para fines de entretenimiento. Las opiniones expresadas son únicamente las del autor y no deben tomarse como instrucciones u órdenes de expertos. El lector es responsable de sus propias acciones.

La adhesión a todas las leyes y regulaciones aplicables, incluyendo las leyes internacionales, federales, estatales y locales que rigen la concesión de licencias profesionales, las prácticas comerciales, la publicidad y todos los demás aspectos de la realización de negocios en los EE. UU., Canadá, Reino Unido o cualquier otra jurisdicción es responsabilidad exclusiva del comprador o del lector.

Ni el autor ni el editor asumen responsabilidad alguna en nombre del comprador o lector de estos materiales. Cualquier desaire percibido de cualquier individuo u organización es puramente involuntario.

## Su regalo gratuito

¡Gracias por descargar este libro! Si desea aprender más acerca de varios temas de espiritualidad, entonces únase a la comunidad de Mari Silva y obtenga el MP3 de meditación guiada para despertar su tercer ojo. Este MP3 de meditación guiada está diseñado para abrir y fortalecer el tercer ojo para que pueda experimentar un estado superior de conciencia.

https://livetolearn.lpages.co/mari-silva-third-eye-meditation-mp3-spanish/

## ¡O escanee el código QR!

# Tabla de contenidos

INTRODUCCIÓN ........................................................................... 1
CAPÍTULO UNO: ¿QUÉ SON LOS ÁNGELES DE LA GUARDA? ............... 3
CAPÍTULO DOS: CONECTANDO CON SU SER SUPERIOR .................. 10
CAPÍTULO TRES: COMUNICARSE CON SU ÁNGEL DE LA GUARDA ...... 24
CAPÍTULO CUATRO: TRABAJANDO CON LOS ARCÁNGELES ............... 38
CAPÍTULO CINCO: ENCONTRANDO A SU GUÍA ESPIRITUAL ............... 51
CAPÍTULO SEIS: SIGUIENDO A SU GUÍA ANIMAL ............................. 60
CAPÍTULO SIETE: LLAMANDO A LOS ANTEPASADOS Y A LOS SERES QUERIDOS QUE HAN PARTIDO ............................................ 69
CAPÍTULO OCHO: CONECTANDO CON LOS MAESTROS ASCENDIDOS ............................................................................... 77
CAPÍTULO NUEVE: TRABAJAR CON DIOSES Y DIOSAS ...................... 86
CONCLUSIÓN ............................................................................. 92
VEA MÁS LIBROS ESCRITOS POR MARI SILVA ................................. 95
SU REGALO GRATUITO ............................................................... 96
REFERENCIAS ............................................................................. 97
FUENTES DE IMÁGENES ............................................................. 102

# Introducción

Los ángeles de la guarda le están esperando para que los encuentre. Están listos para escucharle y responder al instante. La razón por la que no responden es porque no está llamando. Y no está llamando porque no es consciente de su presencia. Este libro tiene como objetivo disipar la oscuridad de la inconsciencia y traerle la luz del conocimiento y la aceptación.

Escrito en idiomas fáciles de entender y lleno de instrucciones detalladas y fáciles de seguir y métodos prácticos, este libro sobre los ángeles de la guarda es ideal para los principiantes que dan pasos temblorosos hacia su objetivo. Este libro le ayudará a reafirmar la inestabilidad provocada por las dudas iniciales que te impiden avanzar. Le apoya hasta que encuentres pies firmes en un terreno fuerte para que puedas avanzar a planos superiores de conciencia.

Este libro cubre todo tipo de ángeles guardianes que pueden venir en su ayuda, desde aquellos que pueden protegerte del daño, mantener a raya los obstáculos y darle beneficios materialistas hasta aquellos que pueden ayudarle con la ascensión y la iluminación. Este libro cubre una lista completa de ángeles de la guarda e instrucciones sobre cómo llegar a ellos y buscar su ayuda y consejo.

Por ejemplo, si necesita protección, llame al arcángel Miguel. Si busca riqueza y prosperidad, busque a la diosa Lakshmi, y así sucesivamente. El libro no es religioso de ninguna manera. Es espiritual, sumergirse en todas las culturas y religiones y tomar lo mejor que cada una le ofrece. Encontrará conexiones entre ángeles de la guarda, colores, símbolos y mucho más.

Cada capítulo de este libro está lleno de palabras de conocimiento y luz que buscan ángeles y son tranquilizadoras. Será guiado para abrir su corazón, mente y alma y recibir la abundancia que sus ángeles de la guarda están esperando para derramar sobre usted y sus seres queridos. Lea despacio, saboreando cada palabra, empapándose de la belleza de los ángeles de la guarda y sus poderes, y sabiendo que las lecciones que enseña este libro pueden ayudarle a sentir la presencia de los ángeles en su vida.

Una palabra de precaución antes de comenzar a leer el libro. Tenga en cuenta que las instrucciones dadas en este libro no pretenden reemplazar el consejo médico profesional de ninguna manera. Antes de probar cualquier ejercicio práctico mencionado en este libro, incluyendo meditación, rituales y otros ejercicios, por favor hable con un médico y/o psiquiatra calificado y hágale saber que está haciendo esto. Ellos le orientarán en caso de contraindicaciones.

Adelante, pase la página, lea, y para recordarte una vez más, lea *despacio*, saboreando cada palabra que contiene este libro, llevándole a sus ángeles de la guarda.

# Capítulo uno: ¿Qué son los ángeles de la guarda?

El concepto de ángeles guardianes y espíritus ayudantes se encuentra en casi todos los sistemas de creencias espirituales y religiones del mundo. Estos ángeles de la guarda son seres sobrenaturales asignados por el mundo divino para el bienestar de los seres humanos en la Tierra. Se encuentran en todas partes.

San Agustín habla de los ángeles de la guarda y de los ángeles de la siguiente manera:

*"Los ángeles son espíritus creados por Dios. Sin embargo, si son simplemente espíritus, no son ángeles. Si son enviados a cumplir sus órdenes, los espíritus se convierten en ángeles. Dios hace a los espíritus ángeles al ordenarles que cumplan su mandato u orden".*

En la Biblia se pueden encontrar referencias a los ángeles de la guarda[1]

Muchos textos antiguos, incluido el Antiguo Testamento, hacen referencia a los ángeles de la guarda. Cada religión tiene su propia versión de los ángeles de la guarda. Veamos algunos.

# Los ángeles de la guarda en el cristianismo

Una de las primeras referencias a los ángeles ocurre inmediatamente después de la caída del hombre (cuando Adán comió el fruto prohibido). Un versículo bíblico dice así: "*Echó al hombre de su jardín. Luego colocó el querubín junto con una espada flamígera para proteger el árbol de la vida*". Aunque la palabra "ángel" no se usa aquí, la definición de ángel explicada anteriormente hace que el querubín sea uno de ellos. Dios ordenó al querubín que guardara el árbol de la vida. Por lo tanto, el primer ángel no fue creado para los seres humanos, sino contra ellos, para que no pudieran entrar en el jardín del Edén sin su aprobación.

Otra referencia a los ángeles viene cuando Dios envía "mensajeros" para advertir a Lot y a su familia sobre la inminente destrucción de Sodoma. Cuando Lot se negó a irse, los "mensajeros" lo obligaron a salir de la ciudad, salvándolo así, como Dios lo había ordenado.

En los Evangelios, Jesús llama a sus seguidores a respetar a cada ser pequeño y humilde en deferencia al ángel guardián de la criatura designado por Dios para velar por él. Dios obra sus milagros a través de sus ángeles guardianes, protegiendo y proveyendo para toda forma de vida en la Tierra.

En el cristianismo, a cada persona se le asigna un ángel de la guarda que permanece con ella desde el momento de su nacimiento hasta su muerte. Múltiples santos y hombres de Dios de la Antigüedad y la Edad Media mantuvieron la existencia de ángeles guardianes que viven dentro de su gracia. Estos hombres de la iglesia, como san Agustín y Tertuliano, san Jerónimo, san Juan Crisóstomo y otros, alentaron a los cristianos a conectarse con sus ángeles de la guarda.

Además, a partir del siglo XVII, la popularidad de los ángeles de la guarda aumentó considerablemente en el ámbito del cristianismo, y el papa Pablo V introdujo la fiesta de los ángeles de la guarda en el calendario cristiano. Estos ángeles encontraron representación en todos los eventos sagrados y entre las imágenes de devoción popular y fe. Estos ángeles fueron representados como protectores, protegiendo especialmente a los niños de cualquier daño. A continuación se presentan algunos puntos pertinentes sobre los ángeles guardianes en el cristianismo.

La presencia y la existencia de los ángeles de la guarda están afirmadas por los Evangelios y las Escrituras, respaldadas por numerosos ejemplos e historias. El catecismo enseña a los seguidores a sentir la presencia de sus ángeles de la guarda desde la infancia y a confiar en ellos.

Los ángeles fueron creados por millares por la Divina Voluntad en un solo momento. Desde entonces, los ángeles originales han existido durante la eternidad.

Existe una jerarquía estructural entre los ángeles, y las condiciones deben cumplirse antes de convertirse en un *ángel de la guarda*. La posición y la función de cada ángel son diferentes, y no todos están destinados a convertirse en ángeles de la guarda. A algunos se les pide que tomen una prueba y, si la aprueban, se convierten en ángeles de la guarda.

A cada niño recién nacido se le asigna un ángel de la guarda para que permanezca con la persona a lo largo de su vida humana hasta la muerte y más allá.

Cada cristiano tiene un solo ángel guardián que no puede ser regalado, compartido o vendido. La función principal de este ángel de la guarda es guiar a las personas. Él no puede interferir con su libre albedrío, no puede decidir por ellos y no puede imponerles opciones.

Pero su ángel de la guarda siempre está a tu lado, haciendo todo lo posible para sugerirte una buena forma de vida, evitar trampas, mostrarte el camino correcto e iluminar tu camino al cielo. Los cristianos creen que su ángel de la guarda, sobre todo, les ayuda a ser buenas personas y cristianos fieles. Los ángeles de la guarda nunca le abandonan, pase lo que pase.

## Los ángeles de la guarda en el judaísmo

En el Antiguo Testamento, Dios es descrito como sentado en su corte celestial rodeado de seres espirituales que lo adoran y hacen su voluntad en la Tierra. Todas sus acciones son de, por y a través de Él. La palabra hebrea para ángel es "malach" o "mensajero".

Según el judaísmo, en cada mitzvá (buena acción o mandamiento/precepto religioso), se crean ángeles que protegen a los seguidores del daño. A veces, Dios envía a un ángel como emisario para ayudarle o guiarle. Después de su muerte, estos ángeles (creados a través de la obra de creencias) testifican por usted en su corte celestial. Es importante recordar que el judaísmo sostiene que un ángel solo actúa como su emisario, nada más y nada menos.

Los cuatro arcángeles, a saber, Miguel, Gabriel, Uriel y Rafael, encuentran abundantes referencias en el judaísmo. Los arcángeles serán discutidos en detalle más adelante en el capítulo. Si bien solo estos cuatro arcángeles encuentran un lugar sagrado en las escrituras antiguas, muchos más ángeles aparecen en la antigüedad posterior. Fue un ángel quien impidió que Abraham sacrificara a su hijo. Otro ángel luchó contra Jacob, y un ángel de la muerte también.

Los judíos creen que los ángeles son seres subordinados y actúan alineados con la voluntad de Dios. Hay muchas otras conexiones angelicales en la liturgia judía, incluyendo:

- Se cree que la famosa oración de Kedushah fue escrita a partir de visiones proféticas en las que los ángeles cantaban estos versículos.
- Vestir de blanco en Yom Kippur refleja la creencia de que en ese día de ayuno y arrepentimiento, los judíos son como ángeles que se elevan por encima de las necesidades corporales.

## Los ángeles de la guarda en el islamismo

Los seguidores del islamismo comienzan sus oraciones con el reconocimiento de los ángeles de la guarda, aunque no se les dedica ninguna oración. Los musulmanes recitan hadices y versículos del Corán que hablan de ángeles guardianes.

El saludo islámico por excelencia, "Assalamu alaikum", se traduce como "La paz sea contigo". Los musulmanes dicen esta frase a menudo mirando sus hombros izquierdo y derecho porque creen que los ángeles de la guarda, conocidos como "Kiraman Katibin", residen allí. Creen que es apropiado y correcto reconocer su presencia en su vida y, por lo tanto, están incluidos en sus rituales diarios.

Esta creencia en los ángeles de la guarda tiene sus raíces en varios versículos del Corán, como los siguientes:

*"He aquí a los dos ángeles guardianes asignados para aprender los hechos y acciones de cada hombre, que residen a su izquierda y a su derecha. Ni una sola palabra o acto pasa desapercibido para estos centinelas designados que siempre están listos para tomar nota de todo*

*lo que el hombre hace o dice".*

El equipo angelical "Kiraman Katibin" trabaja en conjunto para registrar cada detalle de la vida del hombre a quien Dios se los ha asignado. Las grabaciones son muy detalladas e incluyen cada sentimiento, pensamiento, acción y palabra. El ángel guardián en el hombro derecho registra los aspectos moralmente buenos del hombre, mientras que el ángel en el hombro izquierdo registra sus malas decisiones y malas acciones.

Cuando el mundo se acabe, los ángeles de la guarda "Kiraman Katibin" presentarán los registros de cada ser humano con el que han trabajado a lo largo de la historia de la humanidad. Dios enviará a los hombres y mujeres al cielo o al infierno, dependiendo de los registros de los ángeles de la guarda.

Otro versículo coránico sobre los ángeles de la guarda dice así:

*"Por cada persona en este mundo, hay ángeles guardianes que van delante y detrás de él, protegiendo y guardando al hombre de acuerdo con el mandato de Allah".*

Por lo tanto, según el islam, también hay ángeles guardianes para la protección.

Los hadices (tradiciones proféticas escritas por eruditos islámicos) también hacen referencia a los ángeles de la guarda. Uno de esos hadices del erudito Muhammad al-Bujari dice así:

*"Los ángeles se turnan a su alrededor. Algunos de ellos vienen de noche y otros de día. Todos ellos se reúnen durante las oraciones del Fajr (antes del amanecer) y del Asr (antes de la noche). Por la noche, ascienden hacia el cielo para encontrarse con Allah, quien pregunta (aunque Él sabe más): "¿Cómo has dejado a mis amados siervos?". Ellos responden: "Tal como los encontramos. ¡Orando!".*

Este hadiz lleva el mensaje de la importancia de la oración y el significado de los ángeles de la guarda, los cuales, según el islam, ayudan a los seguidores a acercarse a Dios. Los ángeles de la guarda protegen y oran por las personas asignadas y entregan mensajes a Dios.

## ¿Quiénes son los arcángeles?

También hay una estructura jerárquica entre los ángeles, y los arcángeles están en la parte superior de la escalera. Son ángeles de alto rango creados por la Voluntad Divina para ofrecer sabiduría a los seres humanos para que podamos profundizar nuestra conexión con Él y el universo que creó. Hay siete arcángeles a los que se hace referencia en varias escrituras. Estos siete son Miguel, Rafael, Gabriel, Jofiel, Ariel, Azrael y Chamuel.

Cada arcángel tiene un papel específico que desempeñar en el gran esquema del cosmos, y cada uno de sus nombres también tiene un significado diferente y específico. Veamos a los siete arcángeles un poco más en detalle.

**Miguel** - Su nombre significa "*El que es como Dios*". Alineado con actitudes guerreras como la valentía, la justicia y la fuerza, Miguel está aquí para proteger a los humanos. Miguel es el arcángel más poderoso y conocido; al que llamas en los momentos de crisis. Su sabia guía le ayudará y protegerá en sus momentos más débiles. A menudo se le representa como un destello de luz azul.

**Raphael** - Su nombre se traduce como "*Dios sana*" y, como su nombre indica, es responsable de curar problemas y dolencias físicas y emocionales. Los médicos y otros profesionales de la medicina buscan la ayuda de Rafael cada vez que necesitan ayuda. Puede llamarlo cuando usted o alguien que conoce esté enfermo y necesite curación, que puede venir en forma de milagro o una solución para restaurar el bienestar de la persona afectada. Rafael es representado como un destello de luz verde.

**Gabriel** - Gabriel significa "*Dios es mi fuerza*". Es el ángel de la comunicación y el mensajero de Dios. Las personas que trabajan en el campo de la comunicación consideran a Gabriel su mecenas, aunque también se destaca por ayudar a maestros, artistas y escritores. Si tiene problemas para expresar o comunicar sus pensamientos y sentimientos, busque la ayuda del arcángel Gabriel. Se le asocia con el color blanco.

**Jofiel** - Su nombre se traduce como "*belleza de Dios*". Su función principal es hacerle ver la belleza de la creación de Dios y redirigir su percepción hacia el amor de Dios en todo lo que ve. Jofiel es a quien debe llamar cuando está atrapado en una rutina de negatividad. Él puede guiarle, cambiar su perspectiva y redirigir su vida hacia el amor. Su color es amarillo. El amarillo debería recordarte que necesitas cambiar su perspectiva para encontrar lo que busca.

**Ariel** - Ariel significa "león de Dios", y su trabajo es proteger la Tierra, sus recursos y las formas de vida que habitan la Tierra. Es el patrón de los activistas ambientales, los amantes de los animales y todo lo relacionado con la Madre Tierra y sus recursos. Se le asocia con el color púrpura.

**Azrael** - Su nombre significa "*a quien Dios ayuda*". El papel principal de Azrael es ayudar a los que sufren enfermedades a hacer una transición sin problemas al reino espiritual, y por esta razón, también se le conoce como el ángel de la muerte. Si se enfrenta a muchas pérdidas y muertes, llame al Arcángel Azrael para aliviar el dolor y reducir las pérdidas. Sin embargo, la "muerte" no tiene por qué tomarse en el sentido literal. Cambios de trabajo, mudarse de casa, hacer las cosas de una manera nueva descartando lo viejo, comenzar una nueva relación, etc., también son situaciones en las que Azrael puede ayudar. El color de Azrael es el índigo.

**Chamuel** - Chamuel se traduce como "*el que ve a Dios*". Su responsabilidad es traer la paz al mundo. Está creado con el poder de poner orden incluso en las situaciones más caóticas. Si el drama y el conflicto le rodean, invoque al arcángel Chamuel para que restaure la paz y la armonía. Se le asocia con el color rosa.

Cuatro de estos siete arcángeles tienen más importancia que los otros tres, de los que hablaremos en un capítulo posterior dedicado a los arcángeles.

En resumen, independientemente de la religión, los ángeles de la guarda son seres espirituales y ángeles de orden superior asignados a cada persona por la divinidad para ayudarle a lo largo de su vida. Lo más importante es que para todas las personas que buscan ayuda de todos los rincones del cosmos, los ángeles de la guarda vienen en muchas formas. Podrían ser tangibles en la forma de otros humanos más sabios y experimentados. O podrían ser un producto de tu mente subconsciente mientras busca un respiro de las cargas y desafíos de la vida.

Independientemente de su forma e independientemente de la religión o el sistema de creencias que siga, lo que más importa es el entusiasmo o el deseo de resonar con ellos y encontrar formas de llegar y tomar lo que tienen para ofrecer. Y aún más importante es estar abierto a tener experiencias relacionadas con los ángeles de la guarda. Podría ser una expectativa irrazonable si encierra su corazón y su mente y espera que seres sobrenaturales llamen a su puerta. Mantenga su corazón y su mente abiertos a la magia de los ángeles de la guarda, y podrá cosechar las ventajas de estos maravillosos seres.

# Capítulo dos: Conectando con su ser superior

Comunicarse con los reinos invisibles y espirituales requiere que esté preparado, con el conocimiento teórico y la *práctica*. Necesita saber dónde y cómo puedes acceder a estos reinos. Debe conocer los elementos que pueden ayudarle a acceder a su ser superior, que generalmente está latente hasta que hace un esfuerzo por despertarlo.

Cuatro de los elementos más importantes que le ayudan a acceder al reino invisible son el cuerpo espiritual, el yo superior, el sistema de chakras y el cuerpo del aura. Veamos estos tres individualmente y entendamos cómo funcionan.

El sistema de chakras puede ayudarle a conectar con el reino invisible[2]

# El cuerpo espiritual

Jill Willard, una poderosa intuitiva y líder en la práctica de la meditación, dice que el cuerpo humano se compone de cuatro partes distintas: la física, la emocional, la mental y la espiritual. Tres de estas cuatro partes son aparentemente tangibles, pero cada cuerpo contribuye en un 25% a su totalidad. Los aspectos físicos, emocionales y mentales de su cuerpo son claros, y la mayoría de las personas los conocen y los han experimentado en sus vidas. Por lo tanto, vale la pena hablar del cuerpo espiritual.

Entonces, ¿qué es el cuerpo espiritual? Es lo que le conecta con todas las cosas de este cosmos, incluyendo la Tierra y más allá, Dios (o la Voluntad Divina) y su ser superior. El cuerpo espiritual le protege y le guía desde una fuente fuera y más allá del mundo de los cinco sentidos que conoce y experimenta a diario. El cuerpo espiritual le conecta con todo lo que hay en esta fuente externa, espíritus, ángeles, seres divinos y todo lo que está fuera del reino físico.

Muchas personas desconocen la existencia del cuerpo espiritual, una faceta de la vida que no tiene nada que ver con la religión que se sigue o la cultura a la que se pertenece. El cuerpo espiritual es un elemento que dice que nadie en este mundo está solo. Todo el mundo está interconectado, y se necesita más que un solo cuerpo físico y sus aspectos mentales y emocionales para crear y mantener la vida en el universo.

Cuando su cuerpo espiritual está equilibrado, se siente tranquilo y sin miedo y puede trabajar sin que nada le limite. Obtiene la fortaleza y el apoyo para concretar sus ideas en el ámbito físico. Sabe con certeza que hay reinos que están mucho más allá de lo que el ser humano promedio puede acceder. Con la práctica repetida de conocer y comprender su cuerpo espiritual, puede acceder al reino invisible donde residen los ángeles de la guarda.

# El ser superior

En la mayoría de las discusiones y charlas espirituales, se encuentra con enunciados como: "Conéctese con su ser superior para lograr la paz, la calma y la autorrealización". Pero, ¿qué es este yo superior? ¿Se puede describir? ¿Y cómo puede ayudarle a lograr todo lo que promete?

El ser superior es esa parte que va más allá del cuerpo físico. Inspira, guía y enseña a través de los instintos y percepciones. El ser superior es muy consciente de los sueños y metas secretas. Sin embargo, la mayoría de las personas realmente no intentan conectarse con esta parte de sí mismas porque, en primer lugar, muchos desconocen su existencia, y aquellos que la conocen dudan de ella o les resulta difícil y complicado conectarse con ella.

En el lenguaje de la psicología, el yo superior es una guía interior conectada con el cosmos y separada de tu personalidad física, emocional y mental. Tampoco es su ego, aunque puede aconsejarle sobre el ego. El yo superior conecta el mundo material con el mundo místico e invisible. El ser superior es parte de usted, aunque opera a una frecuencia vibratoria más alta que su cuerpo físico.

Su cuerpo físico es la vida humana actual que está viviendo, mientras que el ser superior es el componente espiritual que ha visto y vivido múltiples vidas. Una vida sin ninguna conexión con el yo superior se limita a los reinos físicos. Tales vidas son fácilmente influenciadas por los aspectos temporales y débiles del mundo físico que carecen de fuerza y poder interior auténticos y sustentadores. Cuando se conecta con su ser superior, obtiene múltiples beneficios, entre ellos:

- Independientemente de lo que esté sucediendo en tu vida física, se siente realizado y su vida se siente mágica.
- Los eventos de su vida tienen más propósito y no le molesta ninguna de las experiencias que enfrenta.
- Sabe y acepta que el dolor no es un obstáculo, sino una oportunidad de crecimiento y desarrollo.
- Se siente apoyado, conectado y empoderado.

## El sistema de chakras

Chakra es una palabra sánscrita que significa "*disco*" o "*rueda*". Según el antiguo sistema de yoga indio, los chakras o ruedas de energía residen en lugares estratégicos alineados con la columna vertebral. Estas ruedas de energía no se pueden ver, sino sentir, y su poder se puede invocar para conectarse con el reino invisible. La energía curativa en estos chakras forma la fuerza vital de su cuerpo, que mantiene el cuerpo activo, fuerte, saludable y poderoso.

Los chakras contienen la energía de los sentimientos, pensamientos, recuerdos pasados, experiencias y percepciones futuras. ¿Cómo ayudan estos chakras al bienestar y a la capacidad de conectar con los ángeles de la guarda?

En primer lugar, el cuerpo, la mente y el espíritu están interconectados. Por lo tanto, un desequilibrio en cualquiera de estos tres aspectos impactará en todo su ser. Es posible que haya oído hablar de muchos casos en los que los médicos no pudieron encontrar una razón fisiológica para la enfermedad de alguien, sin embargo, esa enfermedad existía en el cuerpo. En tales casos, la causa raíz podría ser algo en la mente o el espíritu. Por ejemplo, una mujer que ha perdido a su amado esposo puede tener dolor de estómago agudo o acidez estomacal que puede no tener nunca una causa fisiológica. Su dolencia física tiene sus raíces en el dolor de su mente y espíritu rotos que aún no ha superado.

Hay siete chakras principales, el primero en la base de la columna vertebral y el último en la coronilla de la cabeza. Cada chakra está asociado con diferentes partes del cuerpo: físico, mental, emocional y espiritual. Los chakras tienen que estar equilibrados y el flujo de energía en ellos desbloqueado para obtener beneficios óptimos. Veamos brevemente cada uno de estos siete vórtices de poder y energía y cómo ayudan a mantener el equilibrio.

El chakra raíz: Ubicado en la base de la columna vertebral, el chakra raíz (o Muladhara en sánscrito) está conectado a sus necesidades básicas de supervivencia, como comida, sueño, refugio y otras necesidades materialistas básicas. Cuando esta raíz está desequilibrada y/o el flujo de energía está bloqueado, puede experimentar miedos existenciales; y cuando está equilibrado, se siente seguro, protegido y estable.

El chakra sacro: Ubicado dos pulgadas por debajo del ombligo, este vórtice de energía (Svadhishthana en sánscrito) es responsable de los órganos reproductivos, incluidos los testículos y los ovarios. Su energía sexual se almacena aquí y, por lo tanto, está conectada con todas sus relaciones. Cuando el chakra sacro está desequilibrado, se tiende al exceso o a no entregarse a los esfuerzos sexuales. Cuando el flujo de energía se desbloquea, se tienen relaciones armoniosas y felices.

**El chakra del ombligo:** Situado en el ombligo, este chakra (Manipura en sánscrito) es el asiento del fuego digestivo y se ocupa de las funciones de las glándulas suprarrenales y el páncreas. Una persona con un chakra del ombligo desequilibrado tiende a ser demasiado dominante o completamente impotente. Un chakra del ombligo equilibrado es una fuente de entusiasmo que conduce al empoderamiento y a la capacidad de alcanzar tus objetivos. El chakra del ombligo también se llama plexo solar.

Los tres chakras anteriores representan los reinos físicos. Los cuatro chakras que se analizan a continuación están asociados con los reinos mental y espiritual.

**El chakra del corazón:** Situado en el centro del pecho, el chakra del corazón (Anahata en sánscrito) se asocia con el amor y la conexión. También une los chakras espirituales superiores y los vórtices de energía física inferiores. Un chakra del corazón desequilibrado se manifiesta en forma de posesividad excesiva y/o un deseo irracional de atención constante. Un chakra del corazón equilibrado se traduce en el comienzo de experimentar una conciencia expandida.

**El chakra de la garganta:** Situado en el centro de la garganta, este vórtice de energía (Vishuddha en sánscrito) está asociado a la comunicación y la expresión, concretamente a la de la verdad y la autenticidad. Cuando este chakra está bloqueado, se tiende a tener dificultades para comunicarse y expresarse. Este chakra es una excelente fuente para conectar con nuestra autenticidad y pureza cuando se abre y se equilibra.

**El chakra del tercer ojo:** Situado entre las cejas, este chakra (Agnya en sánscrito) es el asiento de la mente y el centro de tu intuición. Un chakra del tercer ojo bloqueado o desequilibrado le impide conectarte con su ser superior, mientras que un estado equilibrado y de flujo libre le permite controlar su mente y, a través de ella, su cuerpo.

**El chakra de la corona:** Situado en la parte superior de la cabeza, el chakra de la corona (Sahasrara en sánscrito) es el centro de la iluminación y el puente que le conecta con su ser superior. Es el asiento de su alma.

Es importante destacar que la alineación de los chakras debe tomarse paso a paso y gradualmente. Es imposible despertar o desbloquear el Sahasrara sin cuidar los chakras inferiores. Hay que comenzar con los chakras inferiores, poner el cuerpo físico en orden, y luego subir a los vórtices de energía superior hasta llegar al chakra de la corona, que, cuando se abre da acceso ilimitado al reino invisible, el asiento de los seres divinos, incluidos sus ángeles de la guarda.

# El Aura

Cada ser vivo en este mundo tiene un aura, el campo espiritual invisible que rodea el cuerpo. Hay siete capas en este cuerpo de aura, cada una de las cuales se relaciona con diferentes elementos de su salud física, mental, emocional y espiritual. Los siete colores del cuerpo del aura y sus connotaciones son los siguientes:

- **Rojo**: la capa auditiva roja representa ser enérgico, tener los pies en la tierra y tener una voluntad fuerte.
- **Naranja**: el aura naranja significa ser aventurero, considerado y reflexivo.
- **Amarillo**: significa ser amigable, creativo y relajado.
- **Verde**: equivale a ser cariñoso, tener buenas habilidades sociales y comunicación.
- **Azul**: representa el pensamiento libre, ser un buscador espiritual y ser intuitivo.
- **Índigo**: manifiesta ser gentil, curioso y espiritualmente conectado.
- **Violeta**: representa la independencia, la sabiduría y el intelecto.

La intensidad de los colores de estas siete capas describe la profundidad y complejidad de los diversos rasgos. El ser superior puede ser sentido, experimentado e incluso visto en el aura, y aparece como un punto radiante de luz a unos tres pies por encima de la parte superior de la cabeza. Por lo tanto, cuando aprenda a experimentar su aura conectándote con ella y limpiándola regularmente, podrá acceder a su ser superior, el que conoce su verdadero propósito, su pasado, presente y futuro, su potencial y sus fortalezas y debilidades.

# Cómo acceder a los sistemas intangibles

Entonces, ¿cómo se conecta y fortalece estos cuatro elementos intangibles que juegan un papel fundamental en su esfuerzo por llegar a los ángeles de la guarda? Antes de probar cualquiera de las recomendaciones a continuación, lo primero que debe saber y aceptar es que su ser superior no está en un reino inalcanzable. Es parte de usted. Para aprovechar su poder, solo debe profundizar su conexión con estos aspectos espirituales.

Cuanto más se conecte con sus identidades espirituales, más fácil será aceptar y aprovechar el poder de sus experiencias espirituales. Las formas más comunes son la meditación, la visualización y la respiración, diseñadas para disminuir la distancia entre sus identidades físicas y espirituales. Veamos cada uno de ellos con un poco de detalle.

### Crea un espacio sagrado

Un espacio sagrado es donde puede descubrirse a sí mismo repetidamente. Es un espacio en su hogar donde puede hacer todo el trabajo espiritual, incluida la meditación, la respiración, etc. Incluso si aún no es una persona con inclinaciones espirituales, un espacio sagrado puede ser su escape tranquilo del ruido y el ajetreo de la vida diaria.

Crear un espacio sagrado puede ser tan simple como tener una silla en un lugar favorito de su casa donde pueda sentarse y reflexionar en silencio. Alternativamente, puede ser un espacio donde pueda encender una vela, colocar la imagen o ídolo de su deidad (si tiene uno), quemar un poco de incienso, colocar un par de cristales para evitar la negatividad y atraer la positividad, etc.

Su espacio sagrado también puede ser un hogar para recuerdos favoritos que haya coleccionado a lo largo de su vida. La base de un espacio sagrado es que se sienta en paz y completamente cómodo en esa área.

### Respiración

El trabajo de respiración implica técnicas de respiración consciente que ayudan a evitar la mente para entrar en estados superiores de conciencia y conciencia. La respiración le da a la función cognitiva del cerebro algo en lo que concentrarse para que pueda evitar el cuerpo mental y entrar en el reino espiritual e invisible.

Hay diferentes formas de respiración, cada una con su propio conjunto de reglas y un propósito único en función del cual se obtienen diferentes efectos. Las técnicas de respiración ayudan a tomar conciencia de los pensamientos, sentimientos y recuerdos. Aquí tiene algunos consejos para crear tu propio espacio sagrado:

Primero, decide qué es "sagrado" para ti. Evita las tendencias y lo que otros están haciendo. Pregúntate y encuentra respuestas auténticas alineadas con tu estilo de vida y necesidades. ¿Necesita su espacio para hacer meditación, yoga o simplemente un lugar tranquilo para leer? Si está leyendo este libro, está buscando una conexión espiritual. En ese caso, ya sabe para qué necesita un espacio sagrado.

A continuación, busque un lugar en tu casa que pueda convertirse en su espacio sagrado. Si bien una habitación entera es agradable, no la necesita. Un pequeño rincón en tu casa es suficiente. Puede ser la parte superior de su tocador, una pequeña mesa en tu sala de lectura o una terraza acristalada. Algunas personas tienen su espacio sagrado justo en el medio de su sala de estar, y puede elegir el que más le convenga.

Una vez que haya encontrado su espacio, cree un altar. Busque objetos personales y significativos para el altar. Por ejemplo, algunas personas pueden tener pequeños ídolos en miniatura heredados de sus padres o abuelos. Podría ser algo que compró durante un viaje a tu lugar de culto favorito o un regalo de alguien especial que le ama y se preocupa por usted. También podría ser un artículo que le haya sacado de tu punto más bajo en la vida.

Coloque todos estos elementos ordenadamente en una bandeja o una mesa, según el tamaño de su espacio. Las velas y el incienso también tienen mucho sentido. Encender una vela y/o quemar incienso antes de la sesión de meditación o respiración crea el ambiente adecuado.

¡Su lugar sagrado está listo! Recuerde, no hay reglas estrictas para crear este espacio. Puede hacer lo que le impulse y motive. Pero por lo general, los elementos mencionados anteriormente forman parte de cualquier espacio sagrado. Entonces, ahora es el momento de ponerse manos a la obra para ver cómo puede acceder a su ser superior.

**Meditación**

La meditación es la lección más fácil de aprender, pero no tan fácil de practicar. Sin una regularidad disciplinada, el dominio de la meditación no sucederá. Cuando uno medita, elimina deliberadamente todos los ruidos externos y se vuelve hacia adentro para encontrar esos elementos que ayudan a conectarse con el reino espiritual. Podría ser su aura, cuerpo espiritual o chakras. La meditación puede ayudar a calmar el ruido a tu alrededor y dentro de ti para que pueda acceder a su ser superior. Aquí tienes un sencillo ejercicio de meditación para que comience.

Siéntese en su espacio sagrado. Necesitará unos 10 minutos inicialmente. A medida que siga practicando, puede aumentar la duración. Asegúrese de que todos los elementos que distraigan estén apagados y alejados de usted.

Mantenga la espalda erguida pero no demasiado rígida. Debe estar relajado y cómodo. Respire profundamente un par de veces para mejorar la relajación.

Ahora, observe sus pensamientos conscientemente. Evite tratar de controlar su mente. El trabajo de su mente es pensar; Por lo tanto, tratar de detenerlo sería contraproducente para sus necesidades. Solo sea consciente de cada pensamiento a medida que va y viene. Supongamos que el primer pensamiento que notó fue cómo se sintió cuando su pareja lo rechazó. Observe la reacción de su cuerpo a este pensamiento. ¿Sintió que su cuerpo se ponía rígido? ¿Se le llenaron los ojos de lágrimas? ¿Surgió la ira? Basta con observar todo esto sin reaccionar ni responder a ellos, y notará que el pensamiento ha pasado y otro ha ocupado su lugar.

Trate de percibir tantos pensamientos como puedas. Observe cada pensamiento echando raíces en su mente, volviéndose poderoso, causando reacciones y respuestas, y luego desapareciendo en el olvido. El mismo pensamiento podría regresar, y simplemente repetirá el proceso anterior para cada pensamiento.

Parece un proceso sencillo y, sin embargo, puede ser un reto hacerlo. Lo más importante es no ser impaciente y/o cruel consigo mismo. Hasta ahora, su mente hacía lo que le daba la gana y sin que se diera cuenta. Ahora, está tratando de tomar conciencia de tu mente. Cualquier cambio tendrá resistencia, y luchar contra esa resistencia es la clave para ver lo que hay detrás del muro. Simplemente acepte todo lo que viene con sus pensamientos.

A medida que practique día tras día, diligente e infaliblemente, notará que puede sentarse por más tiempo sin que le afecten las reacciones y respuestas creadas por estos pensamientos. Aprenderá a permitirlos sin resistencia, y su mente se ralentiza lo suficiente como para ver cada pensamiento con más claridad e impacto que antes. Los pensamientos ya no molestan. Por el contrario, dan una visión profunda del funcionamiento de la mente.

Cuanto más se adentra en su mente, más se acerca a su ser superior.

## Meditación de los chakras con visualización

Use estos pasos para meditar con éxito en sus siete chakras y sentir que la energía en cada uno de ellos fluye libremente a través de su cuerpo y mente.

Como es habitual en cualquier forma de meditación, asegúrese de tener al menos 10-15 minutos de tiempo sin interrupciones. Puede usar su espacio sagrado o cualquier otro lugar que le convenga. Siéntese cómodamente, asegurándose de que todas las notificaciones electrónicas estén apagadas.

Puede hacer la meditación de los chakras de pie o sentado. Cierre los ojos, respire unas cuantas veces para conectarte a tierra y luego concéntrese en los siete chakras, empezando por el chakra raíz. Si está sentado en una silla, asegúrese de que sus pies estén firmemente colocados en el suelo. Su cuerpo debe estar conectado a la tierra.

**Chakra raíz**: concéntrese en la base de la columna vertebral. Imagine un disco rojo o una rueda de luz girando en la ubicación del chakra raíz. Visualice esta luz roja conectando su cuerpo firmemente con la tierra a través de sus pies. A medida que inhala, sienta la extracción de vibraciones positivas de la tierra hacia su chakra raíz. A medida que exhala, visualice enviando todas las vibraciones negativas de su cuerpo a la tierra. Cuando se sienta satisfecho, pase al chakra sacro.

**Chakra sacro**: concéntrese en el punto dos pulgadas por debajo de su ombligo, donde se encuentra el chakra sacro. Imagine un disco o una rueda de color naranja brillante girando en ese lugar. A medida que inhala, visualice la energía que se extrae del océano hacia su cuerpo. Al exhalar, visualice toda energía negativa que sale de su cuerpo para ser absorbida por el poderoso océano. Siga concentrándote en el chakra sacro hasta que se sienta limpio de todas las emociones negativas.

Recuerde, el disco rojo del chakra raíz sigue girando incluso si su atención no está en él. Ahora visualice un tubo de luz roja desde allí que llega hasta el ombligo y se conecta al disco naranja.

**Chakra del ombligo**: concéntrese en el plexo solar imaginando una bola amarilla de fuego girando en el lugar. A medida que inhala, visualice el fuego quemando todos los bloqueos y la negatividad de su cuerpo. Puede sentir el humo de la negatividad quemada que llega a sus fosas nasales y sale de su sistema. Visualice el tubo naranja y rojo moviéndose hacia arriba y conectándose a la bola de fuego amarilla del plexo solar.

**Chakra del corazón**: a medida que se mueve hacia el chakra del corazón, visualice un disco de luz verde girando en el centro de su pecho, la ubicación del Anahata. Al inhalar, visualice el amor llenando el disco verde. Imagine este amor impregnando cada parte de tu cuerpo. A medida que exhala, visualice que el odio, el resentimiento, los celos y todas las demás emociones que se oponen a su amor y compasión por sí mismo son exhaladas fuera de tu sistema. Finalmente, imagine que el tubo rojo-naranja-amarillo de los chakras de abajo se eleva para conectarse con el disco verde del chakra del corazón.

**Chakra de la garganta:** a medida que avanza hacia el chakra de la garganta, mueva la cabeza en un círculo (5 cuentas en sentido contrario a las agujas del reloj y 5 cuentas en el sentido de las agujas del reloj) para relajar el área del cuello. Concéntrese en el área de su garganta, imagine un disco azul girando allí, lo que le permite identificar y defender su autenticidad.

Visualizar la luz azul que sale de sus oídos también le ayuda a ser un buen oyente. Imagine el poder de la comunicación escrita y vocal entrando en su sistema mientras inhala y visualiza todos los bloqueos de la comunicación que salen de tu sistema al exhalar. Imagine que ese tubo mezclado con el rojo, naranja, amarillo y verde de los cuatro chakras anteriores se eleva y se conecta con el azul de su chakra de la garganta.

**Chakra del tercer ojo:** Meditar en el tercer ojo expande su mente y ayuda a profundizar su conexión con su intuición. Meditar en el 6º chakra importante le ayuda a romper las barreras limitantes que le impiden conectarse con su ser superior. Concéntrese en el espacio entre las cejas y visualice un disco de índigo girando allí. Solo concéntrese suavemente en este espacio, permitiendo que todos los pensamientos vayan y vengan.

Visualice sus pensamientos escapando a la nada negra, dejándole en paz y calma. Trate de capturar los destellos de luz que provienen del ser más íntimo de su alma entre estos pensamientos. Mantenga su respiración constante y suave mientras visualiza el tubo mezclado con seis colores que se eleva hasta el tercer ojo y se conecta con el índigo.

**Chakra de la corona:** este vórtice de energía le ayudará a acceder a su ser superior. Imagine un loto de mil pétalos en este vórtice. Invite a esta flor a abrirse. Visualice una columna de luz púrpura o violeta en la parte superior de su cabeza. Imagine esta columna violeta de luz moviéndose hacia abajo hacia su cuerpo y hacia el cielo con cada inhalación y exhalación.

Esta columna violeta de luz es la conciencia divina. A continuación, visualice ese tubo que conecte los seis chakras anteriores elevándose para conectarse con el loto de mil pétalos. Imagine los pétalos abriéndose y dándole acceso a toda la energía cósmica. Sienta todo tu ser lleno de esta energía cósmica ilimitada.

El truco con los chakras es que la energía de los siete tiene que estar unificada antes de que puedas aprovechar el poder de los chakras 6 y 7, dos de los centros de energía más útiles para conectarse con su ser superior a través del cual puede acceder al reino invisible y espiritual. Por lo tanto, elegir al azar un chakra para meditar puede ayudarle a lidiar con los elementos conectados con el vórtice de energía elegido, incluso si están comprometidos.

Para un cambio de imagen completo y saludable en su campo de energía, es vital que comience desde el chakra raíz y se mueva sucesivamente hacia arriba hasta que los siete colores se combinen y estallen en la luz blanca más allá del chakra de la corona, el centro de energía con acceso directo al reino de tus ángeles guardianes.

**Diario**

Escribir un diario también es una forma fácil y efectiva de conectarse con su yo superior. Escribir sus pensamientos y sentimientos le da una perspectiva objetiva sin apego. En consecuencia, encuentras ideas y soluciones a problemas ocultos.

Redactar el diario le ayuda a llegar a lo más profundo de su conciencia y a encontrar sus deseos y sueños más profundos. Facilita que se conecte con su autenticidad y su verdadero propósito a medida que las capas externas de pensamientos y la complejidad del mundo exterior se despegan lenta pero seguramente a través del diario. Aquí hay algunas indicaciones para tu viaje hacia tu ser superior:

- **¿Quién soy?** Las respuestas a esta pregunta pueden comenzar con algo tan simple como su nombre, ocupación y dirección. Incluya poco a poco lo que cree que es su personalidad, sus respuestas a diversos estímulos y cómo maneja la felicidad, la tristeza, la ira, etc.

- **¿Cuáles son sus deseos?**

- **¿Cuáles son las tres lecciones más importantes que ha aprendido en su vida hasta ahora?** ¿Cómo aplicará esas lecciones en su vida actual?

- **¿Cuáles son los deseos que aún tiene que cumplir?** Después de escribirlos, vea si esos deseos se ven tan deseables como antes.

¿Quiere cambiarlos? En caso afirmativo, ¿cómo?

- **¿Qué ocupa la mayor parte de su tiempo y energía?** ¿Está alineados con sus sueños?
- **Si todos sus deseos se cumplen, ¿qué planes tienes para su vida?** ¿Qué queda?
- **Si pudiera eliminar todo tipo de miedo, incluido el miedo a la muerte,** ¿qué sería lo primero que haría?
- **¿Qué le da alegría incondicional?** ¿Por qué?

Utilice las indicaciones anteriores para comenzar su viaje hacia el diario. Cuanto más escriba, más necesitará profundizar en su mente y más se acercarás a su ser superior.

## Trabajar con cristales

Los cristales se han formado sobre y debajo de la superficie de la Tierra durante millones de años. Cada cristal tiene una composición molecular única que contiene las vibraciones capturadas durante el millón de años que tardaron en transformarse en su estado actual. Los cristales contienen energía y sabiduría ancestrales que existen desde tiempos prehistóricos.

Los antiguos sabios entendieron y apreciaron el poder de los cristales utilizados durante miles de años por sus propiedades medicinales y curativas. Sentirse atraído por un cristal en particular no se limita a su belleza física, sino también a su frecuencia vibratoria, que puede coincidir con la suya.

Los cristales sirven para diferentes propósitos psicológicos, fisiológicos y espirituales, que incluyen, entre otros, los siguientes:

- La amatista se utiliza para deshacerse de los malos hábitos.
- La cianita es ideal para la curación emocional profunda.
- El cuarzo transparente le ayuda a restaurar el equilibrio y la armonía en su vida.

Y algunos cristales le ayudan a acceder a tu ser superior. Puede sostenerlos en su mano mientras medita o ponerlos en el altar de su espacio sagrado. Aquí hay algunos cristales que son excelentes para aumentar la vitalidad espiritual:

- **El cuarzo transparente** es un limpiador del alma y mejora la claridad. Le ayuda a despejar pensamientos y a conectarse con su verdadero propósito de vida. También es genial para

realzar el poder de tu intención y manifestar tus deseos. Es un cristal muy útil para todo tipo de curación, incluidas las dolencias físicas, mentales y espirituales.

- **El lapislázuli** es una piedra para la visión y la sabiduría. Ayuda a estimular las facultades más elevadas y profundas de tu mente para mejorar las experiencias espirituales. Promueve la autoexpresión, ya que le empodera para confrontar sus verdades internas.

- **La labradorita** tiene fuertes conexiones con el reino espiritual. Ayuda a elevar la conciencia y aumentar los poderes intuitivos y habilidades psíquicas.

- **La cianita** es un cristal excelente para lidiar con el resentimiento y la ira, especialmente aquellos que le confunden le impiden conectarse con su verdadero yo interior. Amplifica

las energías de alta frecuencia para aumentar sus poderes psíquicos e intuitivos.

- **La amatista** es ideal para usar en la meditación del tercer ojo. Ofrece el poder del despertar espiritual a la vez que calma las perturbaciones emocionales y mentales.

En resumen, acceder a su ser superior juega un papel importante en la conexión con sus ángeles de la guarda. Cuanto más profundice en su psique para conectarse con tu ser superior, el que tiene acceso directo a la verdad cósmica última, más fácil será acceder al poder y la guía de sus ángeles de la guarda.

# Capítulo tres: Comunicarse con su ángel de la guarda

El capítulo anterior trató sobre cómo acceder a su ser superior para conectarte con el reino invisible y espiritual donde suelen residir los ángeles de la guarda. Este capítulo trata sobre la comunicación con sus ángeles de la guarda, la identificación e interpretación de las señales que le envían y el seguimiento de sus guías.

Los ángeles de la guarda son seres divinos y espirituales. No utilizan el lenguaje humano para comunicarse y tienen sus propias formas de interactuar y comunicarse contigo. Para entenderlos, necesita aprender su idioma. Cuanto más se conecte con su ser superior, más capacidad tendrá para leer las señales sutiles que sus ángeles de la guarda le están enviando.

Los ángeles de la guarda se comunican constantemente con los humanos, guiándolos, enseñándoles a discernir entre el bien y el mal y enviando señales de advertencia. Utilizan varios tipos de señales para conectarse con las personas. Es fácil pasar por alto estas señales en el ajetreo y el bullicio de su vida diaria. A veces, ve las señales, pero no las entiende porque su autoconexión superior es débil e incluso puede trivializarlas.

Los ángeles de la guarda pueden enviar señales de advertencia a los humanos[8]

Los ángeles de la guarda también pueden usar su voz interior para guiarle. A menudo, se pierde tanto en su vida diaria que no ve las señales de peligro. Los ángeles de la guarda pueden enviarle advertencias hablándole como tu voz interior. Tiene que permanecer consciente y estar presente para captar estas señales y seguir su ejemplo.

Sarah estaba pasando por una mala etapa en la vida. Perdió su trabajo debido a la desaceleración económica y a los recortes de empleo. Su relación a largo plazo con Joe había terminado recientemente, y se dio cuenta de que él la estaba engañando con su colega. Luchaba por mantener la cordura. Su mejor amiga, Susan, trató de ayudarla tanto como pudo. Pero Sarah se estaba ahogando en un charco de depresión.

Un día, Susan decidió presentarle el concepto y la creencia en los ángeles de la guarda. Fue una conversación larga y difícil, pero valió la pena.

Susan: "*Si no sales pronto de tu ciénaga de tristeza y depresión, caerás en ella irremediablemente*".

Sarah: "*¿Cómo puedo, Susana? Es muy difícil lidiar con todo esto y estoy muy sola*".

Susan: "*Ninguna de nosotras está sola, Sarah. Siempre tenemos a nuestro ángel de la guarda con nosotras, desde que nacemos hasta que dejamos este mundo. Este ángel nos guía a través de nuestras vidas, iluminando nuestro camino en tiempos de oscuridad*".

Sarah: "¡*Qué basura! Si este supuesto ángel de la guarda existe, ¿por qué no me ayuda ahora?*".

Susana: "*Te está ayudando. Eliges ignorarle*".

Sarah: "*¿Cómo puedo ignorar a alguien cuando ni siquiera sé de su existencia?*".

Susana: "¡*Exactamente! Ahora que te he hablado de é, ¿puedes acercarte y buscar su ayuda?*".

Sarah: "*¿Cómo puedo acercarme si ella no es visible?*".

Susana: "*Abre tu corazón y tu mente a su ayuda, y ella encontrará la manera de llegar a ti*".

Susan luego le explicó a Sarah cómo funcionan los ángeles de la guarda, y con un poco de persistencia, Sarah encontró el suyo, quien la ayudó a lidiar con todos sus problemas mostrándole soluciones y respuestas, que Sarah no había podido ver hasta entonces. Su vida ha mejorado considerablemente ahora. Convirtió su amor por el bordado en un pasatiempo generador de ingresos, y no solo es financieramente independiente, sino que también ha llegado a un acuerdo con su relación rota con Joe y ha encontrado un nuevo amor.

Este capítulo consta de dos partes. La primera parte es cómo puede acercarse y buscar respuestas y orientación de sus ángeles de la guarda. La segunda parte de este capítulo trata de leer las señales que su ángel de la guarda le está enviando.

## Comunicarse con los Ángeles de la Guarda

Aquí hay algunos consejos para ayudarle a comunicarse con sus ángeles de la guarda:

### Conozca el nombre de su ángel de la guarda

Primero, aprenda sus nombres. Sí, puede averiguar el nombre de su ángel de la guarda, especialmente si se estás acercando a su ser superior. Recuerde, el ángel está tan interesado en comunicarse con usted como usted lo está con él. Siga estos pasos para averiguar el nombre de su ángel de la guarda:

Siéntese con los ojos cerrados en su espacio sagrado. Relájese por completo, asegurándose de que todas las perturbaciones, incluidas las energías de otras personas y cosas, estén bloqueadas. Cuando esté relajado y listo, pregúntele a su ser superior el nombre de su ángel guardián. El nombre llegará de una forma u otra. Podría obtenerlo como una señal (discutida en la siguiente sección de este capítulo), o el nombre podría colocarse aparentemente inexplicablemente en su cabeza. Incluso si no se le ocurre nada en tu primera sesión, inténtelo de nuevo y, tarde o temprano, se le revelará el nombre de tu ángel de la guarda.

Podría ser que incluso después de algunas sesiones, no se le esté dando el nombre. En ese caso, es probable que su ángel guardián quiera que le des un nombre. Elija un nombre que le guste, un nombre que le haga feliz y seguro. Diga el nombre en voz alta y vea si se siente feliz cuando lo dice. Tome nota de este nombre y comience a dirigirse a sus ángeles de la guarda por el nombre que escucha o les ha dado.

Una vez que los haya nombrado, pídales que te envíen una señal de que están ahí para usted, siempre. Puedes hacer esta pregunta ya sea a través de la meditación, haciendo una entrada en su diario o la oración. Una vez que haya hecho la pregunta, mantenga los ojos bien abiertos para ver las señales de su ángel de la guarda.

### Dedicar una canción a tu ángel de la guarda

Dedíqueles una canción. Una vez que se establece su primera conexión con su ángel de la guarda, lo siguiente que debe hacer es tener una tarjeta de visita para ellos. No hay nada como una canción como dedicatoria personal a ellos. Tome su canción favorita y dígale a su ángel de la guarda que es la suya. Cada vez que la toque o la cante, significa que quiere conectarse con ellos. Lo contrario también es cierto. Si escucha la canción sonando en algún lugar sin haberla puesto en movimiento, podría significar que su ángel de la guarda está allí para su protección y seguridad.

### Escribir cartas

Puede escribirles cartas. Comience con: "Mi querido ángel de la guarda..." y proceda a escribir lo que le moleste. Esto funciona bien si está atrapado en una situación incierta y no puede decidir qué opción es buena para usted. En esos momentos, escríbale a su ángel de la guarda explicándole su situación y luego busque señales de ellos para ayudarle a tomar una decisión.

### Meditación del ángel

La meditación angélica le ayuda a comunicarte con su ángel de la guarda. Siga estos pasos:

- Siéntese cómodamente en su espacio sagrado o en cualquier otro lugar que esté libre de perturbaciones.
- Apague las luces eléctricas y encienda una vela.
- Respire lenta y profundamente durante un minuto para relajarse por completo, asegurándose de que todo su cuerpo esté tranquilo y relajado.
- Puede recitar una oración escrita previamente a su ángel de la guarda durante su sesión de meditación.
- Alternativamente, puede llamarlos por su nombre y hablarles, y puede hacerlo en voz alta o en su mente.
- Imagine a su ángel guardián sentado cerca de usted, enseñándole y guiándole.
- Siéntese en este estado durante unos minutos hasta que estés satisfecho de haber transmitido su mensaje a su ángel de la guarda.
- Por último, dales su gratitud y abra los ojos lentamente. Deje que la vela arda hasta el final.
- Ahora, espere a que su ángel de la guarda responda a su oración.

**Visualizar a su ángel de la guarda**

Puede visualizar fácilmente a su ángel de la guarda usando un espejo. Estos son los pasos:

Siéntese cómodamente frente a un espejo, abriendo su corazón y su mente para el encuentro con un ser celestial.

Apague todas las luces artificiales de la habitación y encienda un par de velas.

1. Cierre los ojos y respire profunda y lentamente durante unos 2 minutos hasta que se sienta totalmente relajado y tranquilo.
2. Envíe una oración, pidiendo orientación para ver a su ángel de la guarda.
3. Ahora, abra los ojos y mírese en el espejo.
4. Note la calma y la paz en su rostro y cuerpo.
5. Luego diga lentamente: *"Tú estás, lo sé, mi querido ángel de la guarda, siempre a mi lado. Del reino celestial al mío como Él lo ordenó. Tú eres mi protector, mi guardián y mi guía. Revélate a mí".*

Siga repitiendo esta oración mirándose profundamente a los ojos en el espejo, asegurándose de que su respiración esté relajada y tranquila. Mírese más y más profundamente a los ojos. Poco a poco, su ángel de la guarda se le revelará como un reflejo en el espejo. Comenzará con su aura apareciendo primero en el espejo, y luego esta aura cambiará de forma para formar su ángel. Abrace a su guardián con un corazón abierto y lleno de amor. Envíele gratitud y agradezca a su ángel por aparecer ante usted.

Espere hasta que la forma desaparezca, luego apague la vela y encienda las luces de la habitación. Siéntese en silencio durante unos minutos, absorbiendo la sensación celestial de ver a su ángel guardián antes de regresar al mundo humano.

# Interpretación de las señales de los ángeles de la guarda

Su ángel de la guarda le envía mensajes (respuestas a sus preguntas, orientación o incluso advertencias) a través de diferentes tipos de señales. Veamos en detalle algunas de estas señales:

### Números de ángel

Los números de los ángeles son señales del mundo espiritual que llevan un mensaje para quienes los ven. ¿Ha mirado su teléfono y ha descubierto que la hora marca 1:11 o 2:22, o 3:33? Acaba de escuchar su canción favorita de 2 minutos y 22 segundos de duración mientras estás sentado en un café. ¿Llama para pedir la factura y descubres que el total es de $2.22? ¿Cuáles son estos números? Los números repetitivos, generalmente repetidos tres o cuatro veces, hacen que se detengas y los mire con asombro.

Además de su significado encantadoramente simbólico, estos números especiales también son vistos como mensajes angelicales enviados a las personas por sus amigos espirituales. Estos números angélicos o especiales ofrecen perspicacia y sabiduría e indican el camino a seguir.

Los números angélicos son diferentes de otros números en numerología porque no están directamente conectados con tu personalidad. Estos números no tienen nada que ver con tus cartas natales, signos astrológicos y/o zodiacales, o número de camino de vida. Además, pueden aparecer en cualquier lugar y en cualquier momento.

Pueden aparecer en relojes (como ya se ha comentado anteriormente), marcas de tiempo, recibos, facturas, matrículas, números de teléfono y otros elementos cotidianos que se encuentran a diario.

La razón de sus apariciones en objetos aparentemente ordinarios es que es una forma de que la voluntad divina le muestre intencionalmente lo que necesita saber. Estos números pueden ser recordatorios suaves de que hay algo más grande de lo que vea y experimente, y es de Aquel que está dirigiendo este mundo. Él le cubre las espaldas.

El significado de cada uno de estos números angélicos que se analizan a continuación es muy personal y podría interpretarse de manera diferente según el contexto. Por ejemplo, para una persona, el número 333 podría significar que debe seguir sus instintos, y para otra persona, podría significar que está en el camino correcto. Con la práctica, conectando los números de los ángeles que ve con el escenario actual de su vida, aprenderá a discernir sus significados con precisión. Vale la pena mirar algunos de estos números para comprender su significado.

**Cero**: el número cero representa nuevas oportunidades y nuevos comienzos. Si ve un patrón de ceros (de tres en tres (000), de cuatro en cuatro (0000) o un patrón que se destaca dentro de un número mayor), podría significar el comienzo de algo nuevo. Podría interpretarse que está al comienzo de un nuevo ciclo o fase en su vida. El avistamiento de este número le dice que no debe tener miedo de tomar decisiones audaces, ya que es un momento para nuevas oportunidades y comienzos.

**Uno**: el número uno es un símbolo poderoso y se cree que es el mensaje de aprobación del mundo espiritual. Supongamos que ve un patrón de unos (111 o 1111 o cualquier otro patrón único). En ese caso, debe pedir rápidamente un deseo, establecer una intención o sembrar una semilla porque, haga lo que haga, el cosmos se alineará con sus acciones y le ayudará a lograrlo. Ver un patrón del número 1 significa que está recibiendo el apoyo incondicional de los ángeles de la guarda y otros seres espirituales.

**Dos**: el número dos representa la alineación, la confianza y el equilibrio. Supongamos que ve un patrón único de dos (222, 2222 o cualquier otro patrón). En ese caso, significa que su ángel de la guarda está haciendo todo lo posible para ayudarle a llegar a donde quiere ir. Si ve dos en los patrones, entonces debe tratar de acercarte a alguien en quien confíes porque Él hará que la colaboración sea fructífera.

**Tres:** el tres representa la creatividad, y si ve el número tres en un patrón específico y/o repetitivo (333, 3333 o cualquier otro patrón), es hora de mejorar sus habilidades y talentos únicos. La aparición de tres significa que la habilidad que aprenderá aumentará su valor en su situación de vida actual, personal o profesional. El número tres quiere decir que su creatividad es vital.

**Cuatro:** el número cuatro representa la estabilidad. Si ve el número cuatro en patrones repetitivos (444, 4444 o cualquier otra secuencia), entonces indica que está construyendo una estructura fuerte arraigada y arraigada tan bien que será un legado. Ver el número cuatro en patrones angelicales significa que está navegando a través de un proyecto a largo plazo que no se puede construir por su cuenta. Por lo tanto, el avistamiento número cuatro también significa que no debe dudar en pedir ayuda a personas bien intencionadas, conocedoras y de ideas afines.

**Cinco:** ver el número cinco en patrones angelicales (555 o 5555) podría indicar un gran cambio en el horizonte. Si está atrapado en una rutina, entonces el avistamiento de cincos con patrones significa que algo grande está a la vista, y que el trabajo subterráneo y fundacional hacia ese fin está sucediendo a partir de ahora. Al mostrarle cincos en un patrón, su ángel de la guarda le está diciendo que está en el camino correcto y que la paciencia le dará grandes recompensas.

**Seis:** contrariamente a las asociaciones religiosas populares con el número seis (¡666 se conoce como el número del diablo!), el número angélico seis representa la compasión y el apoyo. Cuando ve seis en patrones repetitivos (666 o 6666) o únicos en su visión, es un suave recordatorio de que necesita autocuidado y autocompasión. Incluso si las cosas no van de acuerdo con sus necesidades y deseos, su ángel de la guarda le está enviando una señal para que se trates con amabilidad y compasión. Seis es un recordatorio de que todo sucede por una razón.

**Siete:** el número siete representa la buena fortuna. Ver este número en los patrones (777 o 7777) indica que la buena fortuna financiera está en camino. Podría indicar nuevas oportunidades monetariamente lucrativas y generadoras de ingresos. El número siete le exhorta a explorar negocios fuera de su zona de confort.

**Ocho:** el ocho es uno de los números más divinos de la numerología. Si ve el número ocho en la repetición o en cualquier otro patrón (888, 8888 o cualquier otra secuencia), indica una fuerte conexión con la espiritualidad. Podría significar que alguien del más allá le está cuidando. El ocho es también un símbolo del infinito, el bucle interconectado e interminable que representa lo ilimitado de la vida y el universo. Indica que no debe tener miedo de profundizar en tu intuición y hacer lo que tiene que hacer.

**Nueve**: el número nueve simboliza el final de un ciclo o capítulo en tu vida. Ver el número nueve en un patrón angelical (999, 9999 o cualquier otro patrón) podría indicar que un ciclo o fase de su vida está llegando a un final significativo y que debe estar preparado para nuevos comienzos. Cuando vea el número nueve, también significa que es hora de salir de tu zona de confort y explorar nuevas oportunidades, especialmente ahora que el ciclo anterior está llegando a su fin.

### Formaciones de nubes

Las formaciones y formas de las nubes tienen significados simbólicos en todas las culturas, y la razón de esto es que los ángeles y otros seres divinos usan las nubes para enviar mensajes a los humanos. Aquí hay algunas formaciones de nubes importantes y su significado.

**Cúmulos**: la apariencia esponjosa y blanca de los cúmulos que se asemejan al algodón de azúcar y los malvaviscos significa esperanza e inocencia. Vistos en el cielo durante la primavera, los cúmulos de nubes también simbolizan nuevos comienzos. Además pueden recordarle que debe mantenerse positivo y seguir haciendo lo que tiene que hacer, y las cosas sin duda se pondrán en su lugar más temprano que tarde.

La visión de hermosos cúmulos de nubes fue el primer rayo de esperanza que Susan, que luchaba por creer en los ángeles de la guarda, recibió de su ángel de la guarda. Su perspectiva de la vida cambió, y con ella llegaron la felicidad y la esperanza. Así que, la próxima vez que vea cúmulos, recuerde que debe hacer una pausa en la vida, disfrutar de su belleza y esperar un futuro más esperanzador y brillante. Es una señal de su ángel de la guarda.

**Nubes de estrato**: las nubes de estrato bloquean el sol, lo que hace que el día sea aburrido y sombrío, lo que significa situaciones desagradables inminentes. Si se siente deprimido en un día gris, haga una actividad al aire libre o disfruta de tu pasatiempo favorito, y se sentirá mejor. Su ángel guardián también le está diciendo que se mantenga agachado durante este tiempo de tristeza y desesperación.

**Nubes cirros**: simbolizan el cambio y la transición. Si ve cirros durante una fase cambiante de su vida, su ángel de la guarda le dice que está en el camino correcto. Además, los cirros traen felicidad y buena fortuna.

**Nubes cumulonimbus**: significan poder y fuerza. Son nubes grandes y de fondo plano asociadas con condiciones climáticas extremas y son presagios de fuertes lluvias, tormentas e incluso tornados. Cuando vea estas nubes, su ángel guardián puede estar advirtiéndote de una tormenta próxima en su vida.

**Nubes autocúmulos**: los avistamientos de estas nubes significan que algo bueno está en camino. Representan el equilibrio y la armonía y le recuerdan que, independientemente de lo que esté sucediendo en su vida, debe mantener la cabeza en alto y permanecer con los pies en la tierra y positivo. Las cosas buenas están en camino.

**Nubes lenticulares**: estas formaciones de nubes son extrañas pero hermosas. Significan misterio y magia y parecen flotar en el cielo como platillos gigantes. En algunas culturas, se cree que los ángeles y los espíritus viven en nubes lenticulares. En el mundo de los ángeles, ver nubes lenticulares podría ser un indicio de que algo importante está a punto de suceder en su vida.

**Nubes nimbostratus**: estas nubes de bajo nivel, oscuras y premonitorias significan dolor y tristeza. Por lo general, preceden a la lluvia o la nieve y también podrían indicar la llegada de la esperanza y la felicidad, incluso si la situación actual implica dolor.

**Nubes estratocúmulos**: estas nubes horizontales, bajas y grises se asocian con la comodidad y la seguridad. A menudo vistas por la mañana o por la noche, las nubes estratocúmulos podrían traer una lluvia ligera. Sentirse temeroso y ansioso y ver nubes estratocúmulos en el cielo podría ser una señal de consuelo y seguridad de su ángel de la guarda.

**Nubes cirrostratus**: estas impresionantes nubes significan espiritualidad e intuición. Estas nubes delicadas y tenues a menudo se confunden con cirros. Sin embargo, las nubes cirrostratos son más grandes, más extendidas, más delgadas y de forma más uniforme que las nubes cirros. Cuando vea nubes cirrostrato, puede estar seguro de que son un signo de felicidad y buena fortuna de su ángel de la guarda.

### Sueños y visiones

La principal diferencia entre los sueños y las visiones es que estas últimas se manifiestan en un estado de vigilia, mientras que los primeros se procesan cuando uno está dormido. Cuando las personas tienen visiones, sus cinco sentidos se ven tan profundamente afectados que están casi inconscientes y ajenos a los acontecimientos ordinarios que los rodean. Su ángel de la guarda puede aparecer mientras habla con alguien y darle visiones de lo que pronto sucederá.

Las visiones pueden ser en forma de destellos de luz, formas nebulosas (poco claras o claras), o imágenes absolutamente claras. Estas visiones a menudo llegan de repente y sin previo aviso a medida que avanza en su trabajo diario. Los destellos de luz o el vislumbre de una figura resplandeciente que se asemeja a un ángel pueden hacerse visibles para usted. Pero cuando trata de mirar directamente estas visiones, simplemente pueden desaparecer.

Si está teniendo estas visiones y sueños más que antes, su sensibilidad a la presencia de su ángel guardián está mejorando. Antes no podía notarlos, pero ahora al menos está vislumbrando su forma y la visión que están tratando de enviarle.

La misma lógica es válida también para los sueños. Si su ángel de la guarda está tratando de enviarle un mensaje a través de sus sueños, entonces debe prestar atención y tratar de interpretarlos. Comience un diario de sueños y tome notas detalladas de sus sueños todas las noches. Cuanto más se conecte con tus sueños, más fácil le resultará interpretar los mensajes de su ángel de la guarda.

**Sensaciones y emociones físicas**

Muy a menudo, es posible que haya sentido una sensación de hormigueo repentina e inexplicable en su cuerpo y, con bastante frecuencia, la habrá descartado como algo aleatorio y sin importancia. Ahora que sabe que los seres divinos de los reinos espirituales se comunican de manera diferente con usted, *no repita sus errores anteriores.*

Las sensaciones físicas podrían estar relacionadas con cambios bruscos en la temperatura o en el ambiente. Es posible que sienta calor porque se ha vuelto inexplicablemente más soleado, o que sienta frío porque hay un pellizco repentino en el aire de forma inesperada y sin razón ni lógica.

Si siente este tipo de sensación física, detente y trata de entenderlo mejor. ¿Qué pensaba antes de sentir esa sensación? ¿Había algo que le preocupaba? ¿O le estaba preguntando cómo resolver un dilema? Su ángel de la guarda siempre está cerca y ya conoce sus problemas.

Es posible que el ángel no espere a que busque su ayuda, y puede optar por enviarle un mensaje sin que usted se lo pida. Por lo tanto, interpretará correctamente el signo cuando reflexione profundamente sobre lo que desencadenó la sensación. Por ejemplo, supongamos que ha tenido una mala ruptura recientemente y se pregunta si es hora de que lo supere y siga adelante, y ese pensamiento estaba en su cabeza justo antes de esa sensación de hormigueo. Podría significar que su ángel de la guarda le está dando el visto bueno.

De esta manera, las sensaciones físicas y las emociones son utilizadas por los ángeles de la guarda para enviarle mensajes.

### Plumaje

Su ángel de la guarda podría usar plumas para comunicarse con usted. Supongamos que encuentra plumas que aparecen de la nada. En ese caso, puede asumir con seguridad que su ángel de la guarda está al tanto de su situación y está ahí para ayudarle. Las plumas son su regalo para usted. Las plumas de diferentes colores tienen diferentes significados. Estos son algunos ejemplos:

- Una pluma blanca significa un mensaje de sus seres queridos recientemente fallecidos de que están bien y que le están cuidando.

- Una pluma marrón puede interpretarse como estabilidad en su vida doméstica.

- Una pluma roja representa el coraje, la vitalidad, la buena fortuna y la pasión.

- Una pluma amarilla le recuerda que debes aprovechar el poder de tu inteligencia y agudeza mental.

- Una pluma verde es un signo de abundancia, fertilidad y crecimiento.

- Una pluma naranja significa el poder de su sexualidad, sensualidad y creatividad.

### Olores inusuales

Los ángeles de la guarda también usan aromas para enviarle mensajes. Los aromas florales son la forma más común en que los ángeles y los espíritus se comunican con usted. Si huele un aroma de flores cuando no hay flores, podría ser un mensaje de su ángel de la guarda. El aroma de rosas es específicamente poderoso porque vibra a la velocidad más alta entre todos los aromas de flores. Los aromas florales tienen diferentes significados. Algunos ejemplos son los siguientes:

- **Rosa** - Aliento, seguridad y consuelo
- **Menta** - Pureza
- **Incienso** - Iluminación espiritual
- **Abeto** - Ganar
- **Canela** - Paz
- **Pomelo** - Gratitud

Otros aromas utilizados incluyen el olor memorable de un ser querido, una mascota, etc. Podría ser el aroma de su lugar favorito, ciudad natal u hogar. Podría ser el aroma de un alimento que le encanta o un plato que su madre siempre preparaba para levantarte el ánimo.

### Mensajeros humanos y animales

Su ángel de la guarda puede usar a otros seres humanos y/o animales para enviarle mensajes. Por ejemplo, podría haberle pedido ayuda o consejo a su ángel con respecto a algunos problemas que se están gestando en la oficina, y tan pronto como se sienta en su escritorio, un colega podría decir algo que sería la respuesta que estaba buscando todo el tiempo.

Aquí hay otro escenario que explica cómo los ángeles de la guarda usan a los animales para comunicarse con usted. Una vez más, supongamos que buscó ayuda o consejo de su ángel guardián con respecto a algún asunto en su vida. Y de repente, ve un animal por el que se sientes atraído sin ton ni son. Es posible que desee buscar el significado espiritual de ver al animal. Un capítulo más adelante en este libro trata de los guías y ayudantes animales.

¿Qué están tratando de decirle los ángeles de la guarda? La respuesta a esto es personal y depende de lo que busque. A menudo, sus mensajes pueden tener los siguientes significados:

*Yo estoy contigo*: a través de uno de los signos mencionados anteriormente, su ángel de la guarda puede disipar sus miedos e inseguridades. Podrían decirle que no está solo, que él está ahí con usted en las buenas y en las malas, y que las cosas estarán bien.

*Tenga cuidado*: a veces, el mensaje puede ser una advertencia y puede pedirle que tenga cuidado con algo. Podría estar dirigido a una de sus elecciones de vida o ser una advertencia de que algo va mal pronto, algo en lo que no está completamente enfocado.

Comunicarse con su ángel de la guarda no tiene por qué darse sólo cuando lo necesita. Puede meditar o visualizar su presencia en cualquier momento. Puede hablar con ellos como lo haría con su mejor amigo. Puede compartir sus pensamientos e ideas con ellos y hacerles saber todo sobre su vida. No es que no sepan lo que está pasando en su vida. Al fin y al cabo, están a su lado desde que nace.

Sin embargo, hablar con ellos y contarles todo es una excelente manera de usar su libre albedrío y alinear su propósito con la voluntad divina. Cuando habla con su ángel guardián, reconoce su presencia en tu vida y le muestra su gratitud por este ser dedicado en su vida, lo cual ha sucedido solo por su mandato.

# Capítulo cuatro: Trabajando con los arcángeles

En griego, la palabra "*arcángel*" se traduce como *"el jefe de los ángeles"*. Como ya sabes, los arcángeles pertenecen a los rangos más altos y se cree que manejan a los ángeles de la guarda. Leyó brevemente sobre los arcángeles y sus roles en un capítulo anterior. Muchos arcángeles se mencionan en el cristianismo, el islam y el judaísmo. En este libro, aprenderá más sobre los cuatro arcángeles más importantes y su significado en el mundo espiritual.

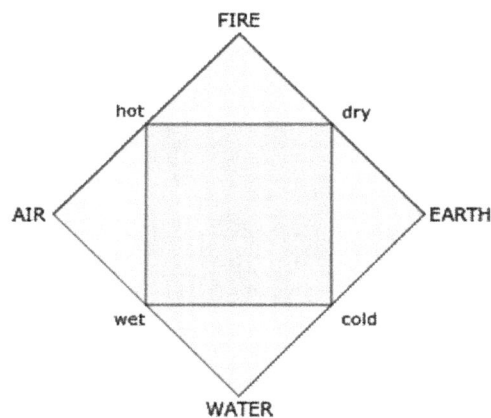

Los arcángeles están a cargo de los cuatro elementos'

El Dios Todopoderoso ha creado a los cuatro arcángeles para que estén a cargo de los cuatro puntos cardinales en la Tierra. Esto es así para que la energía equilibrada de los cuatro arcángeles en las cuatro direcciones facilite a la humanidad llevar una vida de acuerdo con la voluntad de Dios. Uriel es para el Norte, Miguel es para el Sur, Rafael es para el Este y Gabriel es para el Oeste.

Además, puso a cada uno de sus cuatro arcángeles importantes a cargo de los cuatro elementos, a saber, tierra, fuego, aire y agua, de la siguiente manera:

- Raphael para el aire
- Miguel para el fuego
- Gabriel para el agua
- Uriel para la tierra

## Arcángel Miguel

Su nombre significa "*Aquel que es semejante a Dios*" y se preocupa por la verdad y la justicia. Como ya sabe, es el arcángel más importante y el epítome del coraje, la fuerza y el poder. Él es el arcángel al que debe acudir cuando se siente agotado. Le ayudará a deshacerse de las energías negativas en su vida. Él es el protector de todos los que aman a Dios.

Miguel sostiene una espada flamígera y un escudo, ambos representándolo como un comandante. A veces se le ve sujetando un conjunto de balanzas que lo representan como un ángel de la justicia, impartiendo esa justicia con rapidez y agudeza. Al igual que el elemento fuego que gobierna, Miguel le ayuda a quemar sus pecados para prepararle para el camino de la espiritualidad.

El arcángel Miguel le mantiene a salvo de todo tipo de peligros. Llámelo antes de iniciar un viaje para mantenerse a salvo de accidentes y percances. Es el arcángel al que hay que recurrir cuando se enfrenta a una crisis. Es posible que escuche una voz poderosa que le da consejos, diciéndole lo que debe hacer. A veces, puede experimentar una sensación cálida y de hormigueo que lo hace sentir seguro y cómodo. Llega a reconocer este sentimiento como un significado de la presencia de este ángel protector a su lado.

Los colores que representan al arcángel Miguel son el púrpura real, el azul real o el dorado. Por lo tanto, en las visiones, puede aparecer como una neblina púrpura, o puede ver un aura azul o dorada antes de escuchar sus consejos. La presencia del arcángel Miguel suele ser inconfundible. No duda en darse a conocer a sí mismo y a su presencia ante los buscadores.

El propósito principal del Arcángel Miguel es ayudarle a llevar una vida organizada y productiva para que pueda cumplir el propósito de Dios. Con este fin, Miguel le ayuda a aprender habilidades de apoyo y a desarrollar los talentos que Dios le ha dado.

El cristal del arcángel Miguel es sugilita, que viene en colores variados que van desde el violeta hasta el magenta. La sugilita también se conoce como luvulita y royal azel. El arcángel Miguel también se asocia con la amatista, el topacio y el cuarzo transparente. Con su espada de la verdad y la balanza de la justicia, se le asocia con el chakra de la garganta. La gula es uno de los peores resultados de un chakra de la garganta desequilibrado, un vicio en el que solo se toma y no se da. Además, la gula se manifiesta en forma de palabras duras y desagradables.

El arcángel Miguel gobierna sobre el sol, su día de la semana es el domingo, el día de la relajación, y su número es el 11. Aquí hay una oración simple para el arcángel Miguel. Recítela cuando necesite su ayuda, y él se revelará a través de su color púrpura real y le dará la orientación y ayuda necesarias.

*"Arcángel Miguel, protégeme de las trampas del mal, de la maldad del mundo. Guárdame a salvo de los malos efectos de Satanás. Te suplico que le pidas a Dios en mi nombre que arroje toda la negatividad al infierno. Rezo por claridad y fortaleza para caminar por el camino que Él ha elegido para mí".*

## Arcángel Rafael

El significado de la palabra Rafael es *"Dios que sana"*. El arcángel Rafael es conocido como el maestro sanador y está asociado con el chakra del corazón. Cuando la energía en su chakra del corazón fluye libremente y está equilibrada, entonces su vida estará llena de amor y luz.

Busque su ayuda si se enfrenta a obstáculos para encontrar a su alma gemela porque él es el ángel del emparejamiento. Él equilibrará su chakra del corazón y le ayudará a descubrir su verdadero amor. Al igual que el elemento aire que gobierna, el arcángel Rafael le ayuda a liberarse de las cargas que están reteniendo su alma. Él le ayuda a aligerar el alma para que pueda elevarse al encuentro de lo divino.

El arcángel Rafael le muestra el camino hacia la autocuración, y con un cuerpo, mente y espíritu sanos, puedes hacer maravillas en su vida. Puede invocar al arcángel Rafael para su sanación emocional, mental y física. El maestro sanador a menudo se comunica usando su característica luz verde, la luz que cura. También es el ángel patrón de los enfermos y de todos los sanadores, incluidos los médicos modernos y los médicos y curanderos alternativos convencionales.

Además es el ángel al que hay que llamar antes de embarcarse en cualquier viaje. Garantiza un viaje sin problemas ni demoras. También representa a la juventud. Se le representa como un joven con ropa de viaje, sosteniendo un bastón en la mano y un pez. Se sabe que curó a un ciego con la ayuda de los peces.

El día del arcángel Rafael es el miércoles. Es el regente de Mercurio, y sus piedras preciosas son el ágata verde, la esmeralda y la calcita amarilla. Los aromas que utiliza para conectarse con usted son sándalo, manzanilla y hierba de limón.

Puede enviarle mensajes a través de chispas de luz verde, hormigueos de calor o escalofríos, una premonición a través de sueños y un repentino amor por la naturaleza y el aire libre. Aquí hay una pequeña oración que puede usar para buscar la ayuda del arcángel Rafael.

*"Querido arcángel Rafael, vela por nuestra salud y protégenos de enfermedades y dolencias. Hazme un vaso sano para llevar a cabo Su voluntad. Por favor, envíame consejos y orientación sobre el amor y la búsqueda de un alma gemela. Ayuda a mi corazón a tomar la decisión correcta".*

## Arcángel Uriel

Uriel se traduce como *"la luz de Dios"*. Él es el preservador y protector de la humanidad. Es el ángel de la perspicacia, la información, el aprendizaje, la verdad, la sabiduría y las ideas. Es el ángel patrón de maestros y estudiantes y al que llamará cuando se quede atascado sin ideas o necesite una solución para un problema particularmente problemático en su vida. Al igual que el elemento Tierra, que él representa, Uriel le conecta con el camino de Dios.

Este arcángel está asociado con el chakra raíz, que se ocupa de la conexión a tierra y la estabilidad. Llame a este ángel para que disipe sus miedos e incertidumbres y para que le ayude a enraizar su energía a través del chakra raíz. El día del arcángel Uriel es el viernes. Sus colores son el naranja y/o el dorado. Es el regente del Sol y el símbolo de la luz y las estrellas.

El arcángel Uriel se conecta con usted cuando está sirviendo a los demás. No dudará en decirle la verdad, por amarga o espantosa que sea. Conocer la verdad es el primer paso para hacer cambios positivos. Se le representa sosteniendo una espada y un libro, los cuales representan la sabiduría.

Se comunica de diferentes maneras, incluso enviando chispas rojas de luz (el rojo es su color) a través de los sueños y a través de la electricidad (porque enciende su mente). Si nota que su bombilla parpadea repentinamente, entonces podría significar que el arcángel Uriel está derramando sus bendiciones sobre usted o enviándole un mensaje.

Se le asocia con el número 1, el número del crecimiento personal y el aprendizaje. Por lo tanto, si ve 111 o 1111, es una indicación de la presencia del arcángel Uriel. Las piedras preciosas asociadas con el "ángel de la luz" son el ámbar, el ópalo de fuego y el basalto. Aquí hay una oración que puede usar para invocar al arcángel Uriel.

*"Querido arcángel Uriel, por favor dame claridad. Estoy confundido y preocupado. Ilumina mi camino para que pueda ver en los rincones más oscuros en busca de conocimientos y sabiduría. Dame la fuerza para mirar la verdad a los ojos y lidiar con ella sin miedo ni vergüenza".*

## Arcángel Gabriel

Gabriel significa *"mensajero de Dios"*. Recuerde, él fue quien le trajo el mensaje a María de que ella sería bendecida para convertirse en la madre de Jesús. Trabaja en estrecha colaboración con los niños y el parto. Él es el ángel al que le rezas por embarazos y partos seguros, concepción, adopción y crianza de los hijos. Si tiene problemas al tratar con sus hijos, busque el consejo del arcángel Gabriel.

El arcángel Gabriel está asociado con el chakra de la corona, el centro de energía con acceso directo al reino divino. La luz blanca pura del arcángel Gabriel le ayudará a conectarse con la divinidad a través de la inspiración, la claridad de pensamiento y la alegría pacífica. Este ángel le ayudará a despejar el egoísmo y el orgullo, haciendo que su alma sea perfectamente pura para abrazar la divinidad en toda su gloria.

Se sabe que Gabriel ayuda incluso a los profetas a obtener claridad y visión en su búsqueda de la verdad y la cercanía con Él. El agua, el elemento que gobierna el arcángel Gabriel, está conectada con las emociones y los pensamientos. Él le ayuda a lidiar con sus emociones y pensamientos para encontrar la verdad que busca.

El color del arcángel Gabriel es blanco puro, que representa la honestidad, la pureza, la unidad y la paz. Su símbolo es la trompeta, perfectamente alineada con su papel de mensajero divino. Es el mecenas de las artes y oficios basados en la expresión y la comunicación, como las redes sociales, los medios de comunicación, el periodismo, la clarividencia y otros métodos de búsqueda de la verdad y la autenticidad. Lleva un pergamino y un cetro, ya que es el ángel patrón en las artes relacionadas con las manos, como la pintura, la escritura, etc.

Él se comunica de diferentes maneras. Por ejemplo, supongamos que siente una necesidad repentina de actuar sobre una idea que ha estado teniendo durante mucho tiempo. En ese caso, es muy probable que el arcángel Gabriel sea el motivador detrás de su acción. Si tiene dudas sobre su creatividad, nivel de habilidades, la relevancia de su valor y contribución a lo que está haciendo, busca el consejo del mensajero de Dios. Él le mostrará el camino que conduce a la manifestación de su profunda pasión.

El arcángel Gabriel está asociado con diferentes cristales, como la moldavita, el citrino, la angelita y el diamante Herkimer. Se le asocia con el lunes, ya que es el regente de la luna. Aquí hay una pequeña oración que puede usar para orar y buscar las bendiciones y el consejo del arcángel Gabriel.

*"Querido arcángel Gabriel, rezo por la claridad de pensamiento y el poder de expresar mi creatividad sin miedo. Ayúdame a encontrar la luz para manifestar mis ideas alineadas con Su voluntad. Inspira mi intuición, ayúdame a profundizar mi conexión con mis instintos y ayúdame a confiar en mi poder innato, Su regalo para mí en esta vida".*

Aquí hay una oración judía nocturna llamada Krias Shemá, que busca la protección de los cuatro arcángeles.

*"Querido Dios, Todopoderoso, bendíceme que el arcángel Miguel está a mi derecha, el arcángel Gabriel está a mi izquierda, el arcángel Rafael está frente a mí y el arcángel Uriel está detrás de mí, todos ellos manteniéndome a salvo. Bendíceme para que siempre estés por encima de mí".*

## Signos del zodiaco y arcángeles

Además de los cuatro arcángeles primarios discutidos anteriormente, los 12 signos del zodíaco están conectados con 12 arcángeles (incluidos los cuatro principales). Cuando nació, las estrellas y los planetas estaban alineados de una manera particularmente única. Cuando trate de leer e interpretar las posiciones de estos planetas y estrellas entre sí y en relación con su nacimiento, obtendrá una visión profunda de su personalidad y del destino que está destinado a cumplir en su vida.

Los principales medios de comunicación se centran en la astrología solar en función de su mes de nacimiento. Este aspecto le da solo una idea de su personalidad y destino. La astrología tradicional está conectada a su carta natal, que se dibuja en función de la posición de los planetas en el momento preciso de tu nacimiento. Cuando se lee correctamente, esta carta natal le da una imagen precisa de su personalidad y del destino que necesita cumplir.

La astrología tradicional le ayuda a comprender los rasgos de tu personalidad, por qué se comporta de la manera en que lo hace y qué medidas correctivas puede tomar para llevar una vida más significativa y con más propósito que antes. Aprender sobre su signo zodiacal y su arcángel correspondiente puede ayudarle a tener el comienzo correcto para profundizar en su carta natal.

Esta sección trata de los 12 arcángeles asociados con los signos del zodíaco basados en la astrología solar, que a su vez se basan en el mes de nacimiento. Los doce signos del zodiaco son:

### Aries

Las personas nacidas entre el 21 de marzo y el 20 de abril caen bajo el signo zodiacal Aries, cuyo guardián es el arcángel Ariel, el ángel sanador de la naturaleza. Las personas nacidas bajo el signo de Aries también suelen ser amantes de la naturaleza y seres humanos desinteresados. Están llenos de ideas creativas, hábilmente apoyados por su arcángel patrón.

Ariel significa "león (o leona) de Dios", y protege y preserva la vida silvestre de plantas y animales, especialmente en la naturaleza. El arcángel Ariel le ayuda a conectarse profundamente con la naturaleza y su belleza.

Para cualquier cosa relacionada con la naturaleza, incluyendo intentar un trabajo en la industria de las ciencias ambientales o establecer un jardín en casa, llame al arcángel Ariel para que le ayude. También es el ángel que domina el mundo de las hadas, duendes y elfos.

El arcángel Ariel es también puede ayudarle a alcanzar la autorrealización (todo tu potencial). Le impulsa a cavar profundamente dentro de sí mismo y descubrir su verdadero propósito en la vida, y luego le ayuda a encontrar una manera de lograrlo. Se le asocia con el color rosa y a menudo hace sentir su presencia con luz rosa o chispas. Usa cristal de cuarzo rosa para meditar en ella y busca su ayuda.

## Tauro

Las personas nacidas entre el 21 de abril y el 21 de mayo son Tauro, y su ángel gobernante es el arcángel Chamuel, también conocido como "el ángel descubridor". Él le ayuda a encontrar cosas perdidas, y él es a quien debe acudir cuando esté perturbado y quiera paz y armonía en su vida.

Su nombre significa *"El que busca a Dios"*. Buscar y encontrar su propia divinidad es el último paso para descubrir la paz y la armonía dentro y fuera de uno mismo. Puede encontrar al arcángel Chamuel y su ejército de ángeles revoloteando sobre todos los lugares de culto. Él y sus ángeles llevan sus oraciones a Dios y regresan con respuestas.

Hace que las relaciones personales y profesionales funcionen de forma armoniosa y sin conflictos. Si quiere mejorar las relaciones en tu vida personal y/o profesional, el arcángel Chamuel es el que debe buscar. Se revela como una raya o rayo de luz rosada. Al igual que su ángel patrón, los Tauro son trabajadores y organizados, asegurándose de que todo se haga de manera organizada.

## Géminis

Las personas cuyos cumpleaños caen entre el 22 de mayo y el 21 de junio son Géminis, cuyo ángel gobernante es el arcángel Zadquiel, el ángel de la justicia, el perdón y la memoria. Su poder de memoria es legendario, y sabe con certeza que todo proviene de la voluntad divina y entra en ella.

El perdón es un aspecto vital del crecimiento y desarrollo personal. Perdonarse a sí mismo facilita perdonar a los demás y es el primer paso hacia la construcción de una actitud compasiva. Con la ayuda del arcángel Zadquiel, puede enfrentar y lidiar con recuerdos problemáticos y emociones hirientes. Cuando sea capaz de superar su inquietante pasado, encontrará la fuerza para construir un futuro mejor.

El arcángel Zadquiel apoya a los nacidos bajo el signo de Géminis, quienes, al igual que su ángel patrón, son excelentes para aprender y enseñar. Al igual que su ángel, la mayoría de las veces, encontrarás a Géminis involucrado en actividades mentales como la investigación y el estudio. De hecho, independientemente de su zodíaco, debe buscar la ayuda de Zadkiel para un estudio organizado y mejores resultados en los exámenes.

El arcángel Zadquiel aparece en una luz azul profunda y violácea; su piedra preciosa es el lapislázuli. Busque su ayuda si quiere recordar o recordar cosas que ha olvidado.

### Cáncer

Los nacidos entre el 22 de junio y el 23 de julio son cancerianos y están gobernados por el arcángel Gabriel, un arcángel importante que ya ha sido discutido en la sección anterior. Récele para que le dé fuerzas.

A los cancerianos les encanta quedarse en casa. Son cariñosos, sensibles y protectores con sus hogares. Al igual que su ángel patrón, son padres excelentes pero estrictos que se toman en serio la paternidad. Al igual que el arcángel Gabriel, los cancerianos están extremadamente orientados a la familia.

### Leo

Las personas nacidas entre el 24 de julio y el 23 de agosto caen bajo el signo zodiacal Leo, gobernado por el arcángel Raziel, el guardián de los misterios y secretos. Raziel tiene la tarea de ser el guardián del conocimiento supremo y los misterios divinos. Él guía a cada alma a su destino, ayudando a cada alma a elevarse para encontrarse y fusionarse con lo divino porque conoce el propósito y las capacidades ocultas de cada alma.

Él es el ángel al que debe llamar si necesita desconectar de pensamientos, ideas y sueños confusos e indescifrables. Le ayudará a ordenar estos pensamientos para que pueda seguir adelante. El arcángel Raziel aparece en una luz de los colores del arco iris.

Con su aura de los colores del arco iris, es una pareja perfecta para Leo, regido por el sol, porque no hay arco iris sin el sol. Y sin el arcoíris, la vida sería aburrida. El signo de Leo tiene que ver con el drama y la ostentación. Al igual que el arco iris, las personas nacidas bajo este signo suelen ser el centro de atracción.

### Virgo

Las personas nacidas entre el 24 de agosto y el 23 de septiembre son Virgo, y su ángel de la guarda es el arcángel Metatrón, el dueño y usuario de la Merkabah, la poderosa herramienta de energía formada a partir de sólidos platónicos. Él usa el Merkabah para limpiar las energías negativas más bajas en el mundo y también para sanar. El signo de Virgo también tiene una fuerte conexión con la curación. Al igual que su ángel patrón, a las personas nacidas bajo el signo de Virgo les encanta ayudar y servir a los demás a través de sus poderes curativos.

Invoca al arcángel Metatrón cuando su energía esté desequilibrada y bloqueada. Hará girar su cubo mágico de Merkabah para levantarle el ánimo. El arcángel Metatrón y el arcángel Sandalfón son los únicos dos ángeles que alguna vez fueron seres humanos.

En su nacimiento humano, el Arcángel Metatrón fue Enoc, el autor del libro sobre el conocimiento esotérico, *El Libro de Enoc*. El arcángel Metatrón es el "escriba de los dioses" y un maestro de enseñanzas esotéricas. Además, él es el ángel al que acudir si es un principiante en el mundo de la espiritualidad. Él le guiará para que de pequeños pasos y se estabilice antes de sumergirse profundamente en la espiritualidad.

### Libra

Aquellos cuyos cumpleaños caen entre el 24 de septiembre y el 23 de octubre son Libra y están gobernados por el arcángel Jofiel, el ángel de la belleza. Al igual que su ángel patrón, Libra está asociado con Venus, que se personifica como Afrodita, la diosa del amor y la belleza.

Tanto el arcángel Jofiel como los Libra se toman muy en serio el equilibrio y la armonía. El arcángel Jofiel ayuda a restaurar el equilibrio y la armonía en cualquier entorno disonante y conflictivo. Llámele cuando quiera limpiar su vida de pensamientos y sentimientos no deseados, negativos y que causan estragos.

Jofiel también es conocido como el ángel del "feng-shui", el que quiere reorganizar sus pensamientos para crear belleza y amor. El ángel patrón de los Libra les recuerda que los pensamientos y sentimientos hermosos traen belleza y amor a sus vidas. Los pensamientos negativos crean caos y problemas.

Si quiere ayuda con su discurso, busque su consejo. Si quiere elevarse espiritualmente o por automotivación, el arcángel Jofiel es a quien debe recurrir. Si quiere un ambiente relajante y tranquilo, invoque a este ángel de paz y armonía cuyo color energético es el amarillo y cuyo cristal es el citrino.

### Escorpio

Las personas nacidas entre el 24 de octubre y el 22 de noviembre caen bajo el signo zodiacal Escorpio, que es regido por el arcángel Jeremiel, cuyo nombre significa *"misericordia de Dios"*. Es el ángel de los problemas emocionales.

Su función principal es guiar las almas de las personas recientemente fallecidas para que puedan buscar la misericordia de Dios y ayudarlas a aprender y repasar las lecciones que la vida les ha enseñado. No solo se ocupa de los muertos. El arcángel Jeremión ayuda a los vivos a revisar y volver a aprender las lecciones de sus errores pasados para que puedan crear un mañana mejor.

Llame a Jeremiel cuando usted o alguien que conoces se enfrente al miedo a la muerte. Él le enseña y le muestra que Dios tiene mejores planes para usted y que tiene que enfrentar todos los miedos, incluido el miedo a la muerte, porque la vida después de la muerte le está esperando para darle la bienvenida. Busque su ayuda para superar los sentimientos de amargura y traición para que pueda aprender a construir confianza nuevamente.

El arcángel Jeremión es para Escorpio porque este signo guía temas profundos como la muerte, la pena, el dolor y el renacimiento. Las personas nacidas bajo este signo zodiacal son las personas más pensantes y a menudo no dudan en acceder a los rincones más oscuros de sus almas para aprender de ellos mismos y limpiarse de todas las negatividades.

### Sagitario

Las personas nacidas entre el 23 de noviembre y el 22 de diciembre son Sagitario que son gobernados por el arcángel Raguel, el "*amigo de Dios*". Representa el orden social, la familia y las relaciones.

Su función principal es sanar conflictos, malentendidos y discusiones para que reine la paz y la armonía. Si necesita que las peleas se resuelvan o terminen, entonces debe buscar la ayuda de Raguel. Viene a mediar en las discusiones y ayuda a encontrar soluciones incluso en los desacuerdos. Ayuda a mejorar la cooperación entre los miembros del grupo y de la familia.

También conocido como el "*ángel de la justicia*", elimina la discriminación y el acoso, lo que resulta en paz y armonía en el orden social. Si siente que no está recibiendo respeto por lo que hace, entonces debe buscar su protección para arreglar su situación. Su símbolo es el mazo de un juez, y su color de energía es blanco o azul pálido.

Al igual que su ángel patrón, los Sagitario también están impulsados por el deseo de corregir los errores del mundo, como la pobreza, la discriminación, la falta de derechos humanos, etc.

## Capricornio

Las personas nacidas entre el 23 de diciembre y el 20 de enero caen bajo el signo zodiacal de Capricornio, regido por el arcángel Azrael. Llamado el *"ángel de la muerte"*, Azrael ayuda a las almas de las personas fallecidas a cruzar al otro lado y ayuda a los sobrevivientes en duelo a lidiar con la pérdida de sus seres queridos. También ayuda a los muertos a ver toda su vida desarrollándose ante ellos. Si está luchando con el dolor de perder a alguien, busqué su ayuda y el consejo.

El arcángel Azrael es perfecto para Capricornio porque se cree y se sabe que incluso cuando son niños, las personas nacidas bajo este signo exudan sabiduría mucho más allá de su edad. Hay un viejo dicho que dice que "los *capricornianos nacen viejos*". Además, al igual que su ángel patrón, los capricornianos están fascinados por la muerte y la vida después de la muerte. No le temen a la muerte, sino que sienten curiosidad y fascinación por la mortalidad.

La aceptación de la mortalidad es la razón por la que los Capricornio trabajan tan duro en sus vidas. Saben que su tiempo es limitado y, por lo tanto, se sienten impulsados a terminar todo el trabajo que necesitan antes de que llegue su momento.

## Acuario

Las personas nacidas entre el 21 de enero y el 19 de febrero son acuarianos gobernados por el arcángel Uriel, uno de los cuatro ángeles principales de los que ya se ha hablado anteriormente en este capítulo. Uriel es el más cerebral de todos los arcángeles, y por lo tanto, su emparejamiento con Acuario es perfecto. Se sabe que las personas nacidas bajo este signo de aire viven en sus cabezas y rara vez dependen de lo que dice su corazón.

Las personas nacidas bajo el signo de Acuario piensan continuamente, lo que lleva a innovaciones e ideas inspiradas. Este pensamiento implacable también los hace muy intelectuales. Son desapegados, lo que les permite ver la vida objetivamente y tomar decisiones sensatas. El arcángel Uriel también es conocido como el "ángel intelectual".

## Piscis

Las personas nacidas entre el 20 de febrero y el 20 de marzo son los piscianos gobernados por el arcángel Sandalfón, el "hermano" que tiene la tarea de entregar los mensajes y oraciones de los seres humanos a Dios, trabajando junto con el arcángel Metatrón. Le ayuda a conectar con su intuición. También está conectado con los sonidos y la música y, a menudo, hace sentir su presencia a través de su canción o música favorita. Al igual que Sandalfón, Piscis también se asocia con las canciones.

Piscis está conectado con el agua, y el arcángel Sandalfón está conectado con la paz; por lo tanto, están hechos el uno para el otro. En el ciclo de los signos del zodiaco, Piscis es el más veterano. Ha visto todo el ciclo de vida ante él y está listo para entrar en los reinos superiores de la conciencia. Piscis es el signo que está feliz de regresar a casa en el Cielo, al igual que su ángel patrón está siempre listo para llevar mensajes y oraciones al Cielo.

Para terminar este capítulo y esta sección, es importante tener en cuenta que, aunque cada signo del zodiaco astrológico tiene arcángeles dedicados, no hay límites ni restricciones entre las creaciones divinas. Puedes invocar o acceder al poder y la santidad de cualquiera de los 12 arcángeles para que le ayuden, y ellos escucharán tu llamado porque Dios les ordena que lo hagan.

# Capítulo cinco: Encontrando a su guía espiritual

A menudo se hace referencia a los ángeles y arcángeles como "guías espirituales". Pero los guías espirituales también pueden ser muchas otras cosas. Este capítulo explora varios otros tipos de guías espirituales que existen para buscar su ayuda y consejo.

Entonces, ¿cómo se define *"guía espiritual"*? Hay muchas definiciones dependiendo de la cultura. Por ejemplo, los africanos creen que los antepasados se convierten en espíritus eternos con un interés apasionado en la vida de sus descendientes vivos. Estos guías ancestrales están en un nivel superior en comparación con las personas vivas.

Podrían ser padres, abuelos, bisabuelos y familiares muertos (¡incluso aquellos que vinieron antes que ellos!) Los africanos creen que los espíritus de los muertos forman un puente entre los vivos y el Todopoderoso. Las personas pertenecientes a las antiguas tribus africanas continúan venerando a sus antepasados muertos a través de rituales regulares y se comunican e interactúan con ellos para obtener su ayuda y sabios consejos.

Se cree que los espíritus de los muertos forman un puente entre los vivos y los invisibles en África[5]

Según los nativos americanos, los guías espirituales viven en el mundo espiritual y aparecen cuando los llamas. Al igual que los ángeles de la guarda, estos guías espirituales toman nota de sus pupilos desde su infancia y permanecen con ellos hasta su último día en la Tierra, dándoles consejos y sugerencias cuando es necesario. Los guías espirituales se dan a conocer a sus pupilos a través de sueños, visiones, música, etc. Según el espiritismo occidental, un guía espiritual es un ser espiritual que guía y protege a una persona viva.

Todo el mundo tiene guías espirituales, independientemente de la religión que sigan o de la cultura de la que provengan. Los guías espirituales trabajan para todos, ayudando a las personas en tiempos difíciles, advirtiéndoles de los desafíos inminentes y guiándolos en su vida diaria. Están cerca, siempre. Pueden venir en diferentes formas y servir para diferentes propósitos. Pero están ahí para consolarle.

## Tipos de guías espirituales

Los guías espirituales vienen en diferentes formas y figuras, como se mencionó anteriormente. Pueden venir en forma de una ráfaga de viento que te pone la piel de gallina. Podían venir en forma de animales y plantas, dioses y diosas, e incluso objetos inanimados. Después de todo, todas las cosas en este cosmos están interconectadas y provienen de la misma fuente, la voluntad divina última.

### Guías de espíritus trans-especies

A menudo, los guías espirituales se manifiestan en dos o más combinaciones de especies. Por ejemplo, los guías espirituales pueden ser mitad humanos y mitad animales. La parte animal puede ser un lobo, un león, un caballo, etc. Por ejemplo, sirenas, mitad mujer y mitad pez; faunos, mitad humanos y mitad caprinos; esfinge, mitad humana y mitad león; arpía, mitad mujer y mitad pájaro, etc.

Muchas deidades trans-especie en diferentes culturas también son adoradas como guías espirituales. Por ejemplo, el señor Ganesha, el dios con cabeza de elefante en el hinduismo; Anubis, el dios egipcio con cabeza de chacal; Ra, el dios egipcio con cabeza de halcón, etc. Lo más importante es que tu guía espiritual se manifieste en la forma que quieres ver.

### Los ancestros como guías espirituales

Sus antepasados, que tienen una conexión a través de tu sangre, a menudo vienen como guías espirituales para ayudarle. Un guía ancestral podría ser el espíritu de un pariente fallecido, incluidos padres, abuelos, bisabuelos e incluso aquellos que los precedieron.

Los chamanes a menudo se conectan con los antepasados de los buscadores durante los viajes chamánicos para ayudarlos a desentrañar misterios del pasado, cuyos efectos afectan a los vivos. Estos guías espirituales ancestrales pueden levantar viejas maldiciones y sanar viejas enfermedades llevadas a cabo en los materiales genéticos de sus familias para que la generación actual esté libre de esas maldiciones y problemas. También puede ponerse en contacto con sus guías ancestrales para que le ayuden y le aconsejen.

### Guías espirituales como tótems y animales

Los animales son guías espirituales comunes en múltiples culturas. Los chamanes que viajan a través de diferentes planos de conciencia suelen tener un guía animal para guiarlos en el mundo de los espíritus, garantizando su seguridad mientras están allí y asegurándose de que regresen ilesos al mundo humano.

También llamados animales espirituales, estos guías espirituales tienen el poder y la energía del animal del que provienen. Los nativos americanos creen que los jaguares son antepasados que caminan por el mundo de los vivos como guías espirituales. Los lobos son comúnmente vistos como guías espirituales. Aunque no hay ninguna restricción sobre el animal que a un guía espiritual le gusta tomar la forma de jaguares, lobos, osos, etc., a menudo se cree que son utilizados por ellos.

Además, los animales espirituales no tienen por qué ser algo tan exótico como un jaguar o cualquier otro animal salvaje. Podría ser una mascota cariñosa que ha fallecido. También pueden ser sus guías espirituales. Alternativamente, podría sentirse atraído por un pavo real bailarín en un zoológico o un safari de vida silvestre. Podría ser un ciervo que aparece en sus sueños.

### Dioses y diosas como guías espirituales

Los dioses y diosas han sido adorados, y continúan siendo adorados, en casi todas las religiones y culturas del mundo. Múltiples deidades masculinas y femeninas son guías espirituales. Algunos de ellos incluyen al señor Ganesh, Atenea, Apolo, Kali, Lakshmi, Shiva, Horus, Krishna, y hay muchos, muchos más. Un capítulo entero está dedicado a los dioses y diosas más adelante en este libro.

### Las plantas como guías espirituales

Los chamanes también tienen plantas como guías. La planta psicoactiva más común en el chamanismo es la ayahuasca, una enredadera común en Perú. Curiosamente, la ayahuasca es conocida como la "*vid del alma*". Los chamanes experimentados y sabios consumen ayahuasca y se sienten guiados por el espíritu de la planta al lugar donde pueden encontrar respuestas a las preguntas que buscan, ya sea para ellos mismos o para otros buscadores que acuden a ellos en busca de ayuda. Otras plantas que se toman como guías espirituales incluyen san Pedro, una especie de cactus.

Además de las plantas psicoactivas son guías espirituales, también las plantas y los árboles normales pueden ser sus guías espirituales, especialmente aquellos que le traen recuerdos. Ciertas plantas, flores, frutas, etc., tienden a estimular su cerebro hacia expansiones emocionales y mentales. Estas plantas también son guías espirituales.

### Maestros ascendidos

Estos maestros vivieron una vez en la Tierra y se han trasladado a los reinos superiores, ya sea después de la muerte o a través del despertar espiritual. No mueren, ni renacen. Sus espíritus revolotean alrededor, esperando su llamada para que puedan acudir en su ayuda. Estos maestros ascendidos significan los maestros supremos (llamados "gurús" en sánscrito). No son profesores que enseñan asignaturas; son mentores que le ayudan a llevar una vida mejor y a elevar su alma hacia lo divino.

Ejemplos de maestros ascendidos incluyen a Jesús, la madre María, el señor Buda, Confucio, Kutumi y muchos más. Puede encontrar maestros ascendidos en su propia cultura y religión.

## Cómo conectar e invocar a su guía espiritual

### Preguntar

El primer paso para conectar con tu guía espiritual es *preguntar*. Acostúmbrese a pedir ayuda a su guía espiritual. Su guía espiritual está siempre con usted y a su alrededor. E incluso pueden saber que necesita ayuda. Sin embargo, el buscador siempre tiene que dar el primer paso. Por lo general, el dador espera la petición y luego da de todo corazón. Cuanto más busque, más conectado estará con su guía espiritual.

Pregunte específicamente, no generalmente. Para ello, debe tener una lista de tus necesidades y deseos. Esto es algo aparentemente tonto pero importante de hacer también. Hay que tener muy claro lo que se busca. ¿Qué tipo de ayuda necesita? Sea específico con sus peticiones. Solo entonces el guía espiritual puede responder con mensajes específicos.

Por ejemplo, no se limite a decir: *"Dame éxito en mi carrera"*. En su lugar, pida cosas específicas en su carrera, como *"Dame un ascenso (menciona el siguiente rango que buscas) para que mis ingresos mejoren"*. No se limite a decir: *"Dame felicidad"*. En su lugar, pregúntese cómo quieres que se manifieste la felicidad en tu vida. Por ejemplo, *"Sería feliz si pudiera lograr que [menciona el nombre de la persona] se enamorara de mí"*.

Busque ayuda específicamente y pídele señales a su guía espiritual de que le ha escuchado. Una vez que reciba las señales, dé las gracias antes de cerrar la sesión. El mensaje de gratitud también debe ser como si ya hubiera recibido lo que buscaba. Por ejemplo:

- "Gracias, mi querido guía espiritual, por darme las soluciones a mis problemas en mis relaciones".
- "Gracias, mi querido guía espiritual, por mostrarme cómo mejorar para obtener ese ascenso que busco".
- "Gracias, mi querido guía espiritual, por ayudarme a encontrar a mi alma gemela".

### Busque la ayuda de los guías espirituales adecuados

Busque los guías de la verdad más elevada. Este es un aspecto crítico de la invocación de guías espirituales. Al igual que el mundo humano, el mundo espiritual está habitado por todo tipo de espíritus: los buenos, los malos y los feos. No se trata de perfiles físicos, sino de perfiles energéticos. Por lo tanto, debe invocar a los espíritus buenos, bondadosos y compasivos y mantenerte alejado de los dañinos.

Asegúrese de estar protegido psíquicamente antes de invocar guías espirituales para evitar que los equivocados le causen daño. Aquí hay algunos consejos para la protección psíquica:

Lo ideal es que su ritual de invocación tenga lugar en tu espacio sagrado, que se discutirá en detalle en un capítulo anterior de este libro.

- **Primero, conéctese a tierra.** Hay diferentes formas de hacerlo. Tome un baño antes del ritual para que su cuerpo se sienta limpio y listo.

- **Difumine su espacio sagrado.** Encienda un extremo de una barra de difuminar (generalmente hecha de salvia o palo santo) para hacer esto. Agite su mano por todo el espacio sagrado, asegurándose de que cada rincón y grieta reciba una ráfaga de humo de la barra de manchas. Este método disipará y mantendrá la energía negativa fuera de su espacio sagrado.

- **Medite durante unos minutos** antes del ritual para calmarse y relajarse por completo. Conecte su cuerpo con la tierra mientras se sienta para el ritual. Visualice un poderoso rayo de luz marrón asegurándose en su chakra raíz.

### Adivinación

La adivinación es una herramienta antigua utilizada para la adivinación y para conectarse con el mundo de los espíritus. Se utiliza una bola de cristal, un espejo, humo o una superficie transparente del líquido para adivinar. Las personas cuyo sentido visual es poderoso usan la adivinación para conectarse con sus guías espirituales.

### Trabajo de ensueño

Aquí hay algunos consejos para usar los sueños para contactar a su guía espiritual. Antes de acostarse, establezca la intención de encontrarse con su guía espiritual en su sueño.

- Mantenga un bolígrafo y papel cerca de su cama para que pueda tomar notas de sus sueños tan pronto como se levante mientras aún está fresco en su mente. Cree un diario de sueños registrando sus sueños y las experiencias que tuvo.

- Lo que necesita encontrar son patrones repetitivos en sus sueños. Vuelva a leer el capítulo sobre cómo los ángeles de la guarda pueden comunicarse con usted. Use las lecciones de ese capítulo para encontrar patrones repetitivos de números, palabras, símbolos o cualquier otra cosa que se destaque en sus sueños.
- Reviva su sueño. Si el sueño ocurrió en un entorno familiar, visite ese lugar y haga lo que estaba haciendo en su sueño. Por ejemplo, si estabas caminando por una calle conocida, camine por esa calle como lo hizo en su sueño. Le sorprenderá la cantidad de información que obtendrá al transferir su sueño a una experiencia real.
- Tarot. Use sus cartas del tarot para descifrar lo que le está diciendo su guía espiritual. Por ejemplo, establezca la intención de comprender su sueño y descifrar el mensaje de sus guías espirituales. A continuación, saque las cartas, colóquelas en uno de los muchos diseños de cartas del tarot e intente interpretar los mensajes que se dan las cartas.

Haga esto durante dos semanas, y encontrará un patrón que emerge de sus sueños. Dependiendo de lo que haya buscado de sus guías espirituales, es probable que encuentre el consejo o la respuesta de su guía espiritual en estos patrones.

# Experimentar la presencia y las señales de los guías espirituales

Las personas experimentan la presencia de guías espirituales de diferentes maneras:

**A través de su conocimiento interior:** Es posible que sienta la presencia de su guía espiritual. Podría "escuchar" una voz que es audible solo para usted. La presencia es inconfundible, aunque no sean tangibles. Su ser interior y/o sus instintos simplemente saben que están presentes.

**Chispas de luz:** De repente ve chispas de luz frente a tus ojos. Estas chispas son claros indicadores de la presencia de su guía espiritual.

**Libros en caída libre:** A veces, simplemente empujan un libro de la estantería para captar su atención. El libro en sí podría ser un mensaje o simplemente despertar su intuición para que pueda leer las señales que le están enviando.

**Escritura libre:** A veces, es posible que se sienta obligado a tomar un bolígrafo y un cuaderno y escribir algo. Esta podría ser una forma de que su guía espiritual le envía un mensaje. No se obligue a escribir nada. Simplemente coloque el bolígrafo sobre el papel y escriba libremente; Solo las palabras y frases son suficientes para que entienda el mensaje. Los guías espirituales no se preocupan por la gramática y la ortografía; solo quieren que experimentes su presencia y les transmitas mensajes clave.

**Bibliomancia:** Esta es la práctica de abrir un libro (a menudo un libro espiritual como la Biblia, la Torá, el Gita, el Corán o cualquier otro libro que elijas intuitivamente) y leer un pasaje o línea al azar de él. Recuerde, está haciendo todo esto intuitivamente, que es la forma de comunicarse con los guías espirituales.

Aquí hay algunos puntos más importantes que debe recordar mientras se comunica con su guía espiritual:

- **Esté completamente presente**, asegurándose de estar completamente atento y consciente de su entorno. Estar presente también incluye ser consciente de la energía que hay en el entorno. ¿Qué tipo de energía está irradiando al medio ambiente? ¿Qué tipo de energía está experimentando del medio ambiente? ¿Tiene expectativas? Deshágase de ellos. Solo haga lo que el momento presente le está diciendo. Siéntese y sea natural.

- **Escuchen bien**. Las señales de sus guías espirituales también pueden venir en forma de sonidos. La meditación ayuda a calmar su mente para que pueda escuchar las voces y sonidos sutiles de su guía espiritual mientras le habla. La meditación también ayuda a reducir la velocidad de la vibración energética para alinearse con la vibración energética del mundo espiritual, lo que facilita la conexión con tu guía espiritual.

- **Desarrolle prácticas espirituales regulares**. Los seres espirituales no son de este mundo. Por lo tanto, es necesario tener prácticas espirituales regulares para mantenerse conectado con ellos. Podrían ser prácticas simples, nada elaboradas. Por ejemplo, puede sacar una carta del tarot todas las mañanas para entender lo que le depara el día. Medite durante 10 minutos para mejorar su conexión con su ser superior, el que tiene acceso directo al mundo espiritual. Asista a reuniones espirituales donde conozca a personas que tengan más experiencia que usted y que puedan enseñarle el camino del mundo espiritual. Aprenda a utilizar diferentes herramientas de adivinación, incluyendo cartas del tarot, adivinación, oráculos, cartas, etc.

Este capítulo termina hablando de la gratitud, uno de los elementos más importantes para conectar con su guía espiritual. La conexión con su guía espiritual siempre debe ser desde un lugar de gratitud en lugar de desde un lugar de necesidad. Cuanto más agradecido esté, más servicio y amor recibirá de sus guías espirituales. No necesitan que les pague con dinero o riquezas; Quieren ser incluidos en su vida porque están aquí para usted. Reconocer su presencia es el primer paso para ser agradecido. Demuéstreles que está agradecido por su guía y amor.

No diga: "*¿Por qué no me has dado lo que quiero?*" En lugar de eso, dígale: *"Estoy agradecido por tu presencia en mi vida. Gracias por iluminar mi vida con tu presencia. Gracias por ofrecerme soluciones y consejos".* Cuando se cuestiona su ayuda, hay desconfianza. Cuando acepta sus ofrendas, hay confianza.

# Capítulo seis: Siguiendo a su guía animal

Estrictamente hablando, un animal no es un guardián. En cambio, le guía hacia las respuestas a las preguntas que hace. Los guías animales suelen encontrarse en viajes chamánicos y astrales. En muchas culturas, los espíritus animales son guías espirituales que se presentan para ayudar a navegar por los momentos difíciles de su vida. En los viajes chamánicos, guían y protegen a los chamanes mientras caminan por el mundo de los espíritus en busca de respuestas a diversas preguntas.

Los animales también pueden ser guías espirituales[6]

# Cómo encontrar su guía animal

A medida que experimenta la apariencia de su animal espiritual, como principiante, es posible que lo encuentre extraño o aterrador. Reilly, un novato en experiencias del mundo espiritual, se tomó un tiempo para superar su miedo e incertidumbre. Seguía soñando con lobos en la naturaleza y quedó atrapado en medio de una manada. Sin embargo, el miedo pronto se convirtió en algo agradable cuando notó, con cada sueño sucesivo, que podía acercarse a los animales, y a un lobo en concreto.

Con cada sueño que tenía, el que parecía sentirse atraído por él se fue acercando hasta que una noche fue capaz de estirar la mano y tocarle sin miedo. Los otros lobos simplemente desaparecieron ese día. El lobo le habló y le dijo que se liberara de los grilletes que lo retenían. La loba, que se hacía llamar Rexi, le aconsejó que usara su inteligencia y sabiduría y viviera la vida que estaba destinado a vivir. Así que, en este caso, el guía animal llegó en los sueños de Reilly. Aquí hay algunas otras formas en que puede encontrar a sus animales espirituales.

Aprenda sobre las conexiones de los animales en su linaje o cultura. Evite seguir guías animales simplemente porque parecen más exóticos. Realmente no puede ser su guía animal si no se siente conectado con un animal.

Por ejemplo, para los nativos americanos, los jaguares y los lobos a menudo aparecen como guías de animales. Sin embargo, si no es nativo americano, es muy poco probable que sienta una conexión con estos animales. Investigue un poco dentro de su linaje y averigüe qué animal tiene una fuerte conexión con su familia. A menudo, este animal también será su guía animal.

Preste atención a sus sueños para ver si algún animal ha aparecido repetidamente allí. Haga anotaciones en su diario de sueños. Si ya tiene un diario de sueños, revise sus registros anteriores y fíjese si ha tomado notas de las apariciones de animales. De lo contrario, obsérvelos en sus sueños actuales y tome notas. Los guías de animales a menudo se presentan en sus sueños.

Recuerde sus experiencias pasadas con animales. ¿Tuvo una mascota favorita que murió y la extrañó tanto que no ha tenido otra desde entonces? En caso afirmativo, ¿aparece esta mascota en sus visiones, sueños o pensamientos? No tienen que ser mascotas. Podría ser un encuentro casual en la naturaleza mientras visitas a un familiar o amigo en un área remota. O de repente se encuentra cara a cara con un animal mientras viaja y siente una conexión inconfundible con este animal.

Pregúntese si se sientes atraído por algún animal. Medite sobre esta pregunta. Siéntese en un lugar tranquilo y cierre los ojos. Después de que su cuerpo y su mente se relajen por completo, deje que su intuición le guíe hacia cualquier animal que le atraiga. Pregúntese qué es lo que este animal está tratando de enseñarle. Si su pensamiento se traslada a otro animal, entonces siga adelante. Hágase la misma pregunta a sí mismo. ¿Qué está tratando de enseñarle este animal, especialmente en relación con su viaje espiritual y la construcción de su fuerza interior?

Repita este ejercicio con tantos animales como quiera. Tome notas detalladas de sus conversaciones intuitivas consigo mismo sobre cada animal. Haga este ejercicio durante aproximadamente una semana. Olvídese de este ejercicio por unos días y vuelva a su diario después de eso. Vea qué animal resuena más y qué lecciones puede estar tratando de enseñarle. Este animal podría ser su guía animal.

Algunas personas pueden encontrar a su guía animal rápidamente, mientras que otras pueden tardar algún tiempo en hacerlo. No hay nada bueno o malo en ello. Lo más importante es encontrar a su guía animal, aquel con el que su corazón, mente y espíritu resuenen en perfecta armonía. Recuerde, su guía animal le está buscando tanto como usted lo busca. Cuando llegue el momento, ambos se encontrarán. Relájese, sea amable consigo mismo y continúe su búsqueda.

## Animales comunes como guías animales

Aquí hay una lista de animales comunes y su significado espiritual para ayudarlo a comprender cómo los animales pueden ser su guía en el mundo espiritual.

**Oso:** El oso es un animal profundamente emocional y tiene una fuerte conexión con el aire libre. El oso representa el coraje, la fuerza y la determinación. No se dan por vencidos y no olvidan. Si su guía animal es un oso o si se siente atraído por un oso, es probable que sea un líder natural y de carácter fuerte. También significa que tiene poca o ninguna paciencia con las personas que no pueden seguirte el ritmo y, por lo tanto, termina siendo independiente (o solitario, dependiendo de su perspectiva de la vida).

**Mariposa:** La mariposa es un símbolo icónico de transformación y nuevos comienzos, ya que se convierte en una hermosa mariposa a partir de sus luchas como larva atrapada en un capullo y luego como una oruga "espeluznante" que no hace nada más que comer durante días y días. La mariposa demuestra que todo el mundo tendrá su día en la Tierra. Solo necesita persistir, perseverar y trabajar con paciencia y diligencia para llegar al día en que pueda liberarse y elevarse. Si la mariposa es su animal espiritual, es probable que sea muy adaptable y esté abierto a los cambios y a nuevas experiencias.

**Castor:** Es una criatura trabajadora y decidida asociada con la familia y la comunidad. Es conocido por su asombrosa capacidad para perseverar en tiempos difíciles. Si su animal espiritual es un castor, entonces es probable que también sea una persona trabajadora y decidida con mucha resistencia y una buena cabeza para resolver problemas.

**Gato:** Los grandes instintos, la curiosidad y la aventura forman el núcleo de la personalidad de un gato, por no hablar de la independencia y la confianza en sí mismo. Los gatos también son el epítome de la paciencia. Si su guía animal es un gato, entonces es probable que también sea una persona muy independiente e intuitiva y tenga un poderoso sentido de sí mismo.

**Guepardo:** El guepardo significa agilidad y gracia. Es un maestro del camuflaje, y en algunas culturas, es patrón de cazadores y guerreros. Si le atraen los guepardos, es probable que tenga una carrera en atletismo o cualquier otra arte escénica que requiera velocidad y/o gracia. El guepardo le recuerda que nunca debe dejar de explorar tanto el mundo externo como el interno.

**Ciervo:** El ciervo significa inocencia, bondad y dulzura. Los ciervos son animales inteligentes conocidos por su gracia. Si su animal espiritual es un ciervo, es probable que sea amable, inteligente y considerado. Los ciervos logran un elegante equilibrio entre el éxito y la dulzura. La integridad personal es primordial para usted y tiene una profunda conexión con la naturaleza.

**Paloma:** Es un ave de optimismo y esperanza; representa la paz y las bendiciones. Las palomas también representan nuevos comienzos. Las palomas son guías animales amables y comprensivas. Le recuerdan que debe difundir su positividad y abrazar la tranquilidad y la paz. Pueden guiarle hasta su alma gemela y enseñarle a apreciar a sus seres queridos.

**Delfín**: Los delfines son animales sociales, juguetones y amistosos. Si su guía animal es un delfín, es probable que también sea una persona muy sociable y amigable que siempre está dispuesta a pasar un buen rato. También se sabe que las personas que se sienten atraídas por los delfines leen a las personas y entienden sus sentimientos, al igual que los delfines, que son muy inteligentes y compasivos.

**Águila:** Representan la visión, la libertad y la valentía. Si su animal espiritual es un águila, también es probable que sea de espíritu libre con un fuerte sentido de sí mismo y una visión clara de su vida.

**Elefante**: Muestran la comprensión espiritual, la sabiduría, la determinación y la gentileza a pesar de su enorme tamaño y su fuerte cuerpo y voluntad. También es conocido por su inteligencia y lealtad. Si su animal espiritual es un elefante, también podría ser una persona inteligente, de carácter fuerte y decidida, además de ser un amigo leal que antepone las necesidades de los demás a las tuyas. Las personas que se identifican con los elefantes como sus guías animales tienden a tener una poderosa sensación de poder y fuerza.

**Rana**: Sorprendentemente, las ranas son guías animales populares, a pesar de su aparente viscosidad. Curan heridas emocionales y físicas. Les recuerdan a las personas que se revisen a sí mismas, desentierren sus traumas pasados, los enfrenten, se curen a sí mismos y pasen a un mañana mejor. Las ranas enseñan la inutilidad de vivir en el pasado y la importancia y el significado de vivir en el presente.

**Zorro**: El zorro es un maestro del camuflaje y el desapego. Se adapta muy bien, aprovechando el poder de su entorno con su inteligencia, a la que a algunas personas les gusta referirse como "astutas". La astucia es el segundo nombre de los zorros, ya que son expertos en convertir cualquier situación en su ventaja. En muchas culturas, los zorros son guías que ayudan a las personas que están perdidas a encontrar el camino de regreso. Si encuentra afinidad con un zorro, entonces es probable que sea un artista, escritor o cualquier otra persona creativa.

**Caballo**: Representa la pasión y el empuje. Conectarse con un caballo podría convertirle en una persona muy orientada a los objetivos. Este majestuoso animal también significa libertad y resistencia.

**Halcón:** Es un ave muy perceptiva con la capacidad de ver las cosas desde todos los lados. También está relacionado con la compasión y la empatía. El halcón le enseña que puede dejar volar su imaginación incluso manteniendo el control sobre la realidad. Se cree que las personas que tienen halcones como sus guías animales tienen una conexión más profunda y fácil con el mundo de los espíritus que otras.

**Jaguar**: El jaguar es un símbolo de coraje, protección y temeridad. Se asocia con la decisión y la intuición poderosa. La aparición de este animal espiritual es un mensaje del mundo divino de que debe confiar en sus instintos. Si su animal espiritual es un jaguar, es probable que siempre esté listo para el cambio.

**León**: Es el rey de las bestias y representa el coraje, la fuerza y la realeza con un sentido natural de liderazgo y autoridad. Las personas con un león como guía animal tienden a tener carreras en roles de liderazgo o estudian historia y/o mitología.

**Ratón**: Equivale la importancia del escrutinio y el detalle, recordándole que no debe pasar por alto los aspectos aparentemente triviales de la vida.

**Búho**: Un búho puede ver lo que otros se pierden. Van más allá de la superficie de las cosas, profundizan en todo y descubren tesoros ocultos. Las personas que tienen búhos como guías animales tienden a ser más sabias. A estas personas se les conoce como "almas viejas". El búho también significa renacimiento. Le recuerdan que la muerte es solo un efecto secundario de la vida, una renovación, no el final. Si se sientes atrapado en una rutina, la vista de un búho puede indicar un momento de transición y cambio.

**Pavo real**: El pavo real es un ave de reinvención y despertar. El pavo real le recuerda que nunca es demasiado tarde para un cambio positivo. Podría ser muy creativo e ingenioso si tiene un pavo real como animal espiritual. Tiene la capacidad de encontrar soluciones innovadoras a los problemas.

**Zarigüeya:** Representa resistencia y adaptabilidad. Las zarigüeyas se hacen las muertas para escapar de ser asesinadas por su presa. Esta asombrosa capacidad de supervivencia es la razón por la que son conocidas por su adaptabilidad y resistencia. Este animal le enseña que hacerse el muerto para sobrevivir es una lección útil para aprender y dominar. Dado que es una criatura nocturna, las zarigüeyas pueden ayudarle a acceder a los rincones más oscuros de su mente para que nade contra la corriente y llegue a tierra sano y salvo.

**Tortuga:** Las características de una tortuga son la resistencia, la paciencia y la sabiduría. Si se siente atraído por las tortugas, es probable que signifique que es decidido y paciente y valoras la sabiduría por encima de la astucia o la inteligencia materialista. Además, la tortuga le enseña a ir despacio y con firmeza en la vida, y esta lección funciona muy bien cuando se sientes atrapado en una rutina. Solo recuérdese a sí mismo que debe dar un pequeño paso a la vez, y pronto su meta estará cerca. La tortuga también representa tu viaje interior hacia la paz y la comprensión.

**Tiger:** Es el epítome del coraje y la fuerza. El tigre puede guiarle fácilmente a través de sus momentos difíciles ayudándole a encontrar su poder y fuerza interior. Encuentra la fuerza para seguir trabajando con más energía y vigor y el coraje para enfrentar todos los desafíos sin miedo.

**Lobo:** El lobo representa la libertad, la intuición y la inteligencia. El lobo le recuerda que no debe olvidar sus instintos primarios. Los lobos se asocian con la conciencia, la familia y la comunicación. Entonces, supongamos que se siente atraído por un lobo. En ese caso, es probable que sea una persona orientada a la familia que valora las relaciones y las amistades. También podría ser un gran comunicador con un lobo como guía animal.

## Trabajar con su animal espiritual

Una vez que haya encontrado a su guía animal, manténgase abierto a aprender la lección que está tratando de enseñarle. Aquí tiene algunos consejos que le ayudarán:

Descubra el significado simbólico de su animal espiritual. Vuelva a leer la sección anterior que trata sobre los guías animales comunes y su significado espiritual. Si su guía animal no está en esa lista, investigue un poco y reúna información sobre el animal y lo que representa: sus fortalezas, debilidades y forma de vida. Cuanto más aprenda sobre su guía, mejor entenderá su conexión usted y las lecciones que está tratando de enseñarle.

No humanice a su guía animal. Si intenta tratar con su animal espiritual de la misma manera que lo haría con una relación humana o un amigo, silenciará su forma única de comunicarse con usted y expresarse. En su lugar, abra su corazón y su mente y sea receptivo a su forma de expresión y comunicación. Abrazar su forma de vida es el camino a seguir. No les imponga la forma de vida de la humanidad.

Aplique estas lecciones de la forma de vida. Por ejemplo, antes de tomar una decisión importante, dé un paso atrás y pregúntese cómo reaccionaría su guía animal en esta situación. ¿Cuál sería la decisión de su guía? Hable con su animal espiritual y busque consejo. Le enviará un mensaje. Siga sus consejos y deje que le guíen para tomar la decisión correcta.

Además, piense en tres objetivos importantes de la vida que podrían estar relacionados con su guía animal; objetivos a corto, mediano y largo plazo. Aplique las lecciones de su guía animal a estos objetivos y trabaje para alcanzarlos como lo haría su guía.

Preste atención a las experiencias que involucran a su animal espiritual. Cada vez que vea algo que le conecte con su espíritu animal, deténgase un momento y registre la experiencia. Podría encontrarse con el animal en un poema, un libro, una película, un póster, una conversación al azar, etc. Esté atento a estas situaciones y trate de comprender lo que su guía animal está tratando de transmitirle. Siempre que note estas cosas, hágase estas preguntas:

- ¿Cuáles son sus sentimientos cuando ve a su animal espiritual? ¿Siente una sensación de presentimiento o una sensación de alegría?
- ¿Su espíritu animal está tratando de guiarle en alguna dirección en particular? Para ello, fíjese en la forma en que se gira la cabeza del animal o en cualquier otra cosa que pueda transmitir este significado.
- ¿Está en una encrucijada en su vida? ¿Ha buscado ayuda en el mundo de los espíritus? En caso afirmativo, ¿cuál es la ayuda que necesita? ¿Puede la aparición de tu animal espiritual ser la respuesta a lo que busca?

Honre a su animal espiritual. Cuanto más venere su presencia en su vida, más profundo será el vínculo. Puede colocar ídolos de tu animal espiritual en su hogar o espacio sagrado. Puede usar símbolos que representen a su animal espiritual. Lo más importante es dar gracias tan a menudo como pueda.

El último y más importante consejo para encontrar y conectar con su guía animal es que debe hacer lo que más le guste. Además, algunas personas tienen un animal espiritual durante toda su vida. Sin embargo, esta condición no es obligatoria. Muchos chamanes y otros curanderos tienen más de un animal espiritual en su depósito.

El que aparece en un momento determinado está alineado con la necesidad específica de ese momento. Muy a menudo, un animal espiritual puede aparecer solo una vez en la vida, ayudarle en una situación y nunca regresar. El mundo de los espíritus es dinámico y puede cambiar de forma dependiendo de tus necesidades. Por lo tanto, no se preocupe si su guía de animales cambia. Es algo perfectamente válido que suceda.

# Capítulo siete: Llamando a los antepasados y a los seres queridos que han partido

Como ya sabe, los guías espirituales vienen en diferentes formas. Este capítulo se centra en los seres queridos, familiares y antepasados fallecidos que pueden venir como guías espirituales en su vida. En casi todas las culturas del mundo, los miembros de la familia y los seres queridos que mueren se convierten automáticamente en antepasados.

Los espíritus de sus parientes muertos encuentran un hogar en el mundo de los antepasados, y se encuentran con los espíritus de otros parientes que murieron antes que ellos. Los espíritus de sus antepasados continúan mirándole con desprecio y pueden convertirse en su guía si está dispuesto a aceptar su presencia y escuchar sus consejos.

El espíritu de sus seres queridos que han fallecido sigue velando por usted'

Cuando los seres queridos fallecen, no comen en la mesa, no van al cine, no juegan ni se ríen con usted. No puede abrazarlos y sentir sus corazones palpitantes. No le toman de la mano ni le dan palmaditas en la espalda. No están en la forma en que los conoció cuando vivían. Y, sin embargo, están ahí, siempre a nuestro lado, esperando para ayudar en lo que necesite.

En muchas culturas, rezar a las almas de los difuntos es un ritual regular al menos una vez al año. La comida recién cocinada se coloca en la mesa para los antepasados. Los espíritus de los antepasados están invitados a la comida. Se dan unos minutos para que los espíritus se sienten a la mesa y prueben la comida que se sirve antes de que los miembros vivos de la familia participen de la misma comida.

También puede invocar a los espíritus de sus seres queridos y antepasados para buscar su guía y consejo. Se convertirán en sus guías espirituales si se lo pides.

## Conectando con sus ancestros

Todo el mundo puede conectarse con sus antepasados y seres queridos fallecidos. Esta habilidad no está restringida solo a las personas "psíquicamente dotadas" porque todas las personas están dotadas de forma innata en este sentido. De hecho, es probable que haya tenido casos antes en su vida en los que los espíritus de sus antepasados y seres queridos fallecidos le hayan hablado. Estos son algunos ejemplos de cuando el espíritu de alguien a quien amabas trató de comunicarse con usted. Es probable que lo haya descartado como una coincidencia o algo más:

- Es posible que haya experimentado algo extraño, como una advertencia, antes de enterarse de la muerte repentina de un ser querido o amigo.
- Quizá haya observado un letrero relacionado con el difunto en su funeral.
- Podría haber visto a tus seres queridos en tu sueño con un mensaje específico que no podía comprender.
- Es posible que haya escuchado la voz de sus seres queridos fallecidos, que pensaba que estaba en su cabeza.
- Quizá piense que haya visto algo en un lugar lejano que tiene un extraño parecido relacionado con un ser querido fallecido.

Todas estas podrían haber sido señales del espíritu de la persona muerta. Debido a que no sabía o que los espíritus de los seres queridos fallecidos pueden hablar con usted, no prestó atención a estas señales. Ahora que lo sabe, mantenga su cuerpo, mente y corazón abiertos a recibir mensajes de sus seres queridos que se han ido del mundo físico. A continuación, le damos algunas recomendaciones sobre cómo conectar con el espíritu de sus seres queridos:

**Cree un ritual sagrado** - Muchas culturas tienen rituales detallados para conectarse con sus antepasados regularmente. En el hinduismo, hay días específicos en un año y un mes llamados "días pitr" donde se hacen ofrendas a los antepasados. "Pitr" significa antepasados en sánscrito. En muchas culturas, las ofrendas se hacen en la fecha de muerte, la fecha de nacimiento u otras ocasiones especiales en honor a los antepasados. Aquí hay algunos ejemplos más de adoración a los antepasados dedicados de todo el mundo:

- En la antigua cultura mexicana y española, las personas adoran a sus antepasados en la ceremonia del "día de los muertos". Creen que las ofrendas hechas a sus antepasados les ayudan en su vida después de la muerte.

- El culto a los antepasados es común en la fe vodun, que se conoce comúnmente como vudú en Occidente. Sin embargo, hay mucho más en el vudú de lo que se retrata en la cultura popular. La gente de la fe vodun cree que las almas de los muertos caminan por el mundo de los vivos en ciertos días, y es su deber honrarlos.

- En la cultura china, la ceremonia Shi, en la que una persona viva se hace pasar por la persona muerta a la que está dedicado el ritual, es una forma común de honrar a los espíritus de los antepasados.

- En Camboya, Pchum Ben es una fiesta nacional, también se llama "día de los antepasados". En este día, cada año, los camboyanos retroceden siete generaciones para honrar y adorar a los espíritus de sus antepasados muertos.

Si su familia ya tiene un ritual de este tipo, asegúrese de participar en estas ceremonias. De lo contrario, puede crear sus propios rituales simples. Podría tener un pequeño altar con fotos de sus familiares fallecidos. Encender una vela para ellos es suficiente para hacerles saber que está pensando en ellos.

Alternativamente, puede donar a organizaciones benéficas en su honor en sus días especiales. O simplemente reúna a toda su familia, cocine sus platos favoritos, ofrézcales comida y luego coma y pase un buen rato recordando sus días en la tierra. Puede hacerlo en ocasiones especiales o cuando le apetezca conectarte con ellos.

Hable con ellos mientras se conecta con ellos. Por ejemplo, cuando encienda una vela en honor a un ser querido fallecido, use su nombre y diga lo que quiera decirle. Hábleles como si todavía estuvieran vivos y parados a su lado. Visualice su respuesta y responda en consecuencia. O simplemente puede decirles unas pocas palabras de oración.

Busque su ayuda y traten de trabajar juntos en asuntos familiares específicos. Escriba el problema al que se enfrenta y luego vea cómo quiere presentar el problema a sus seres queridos fallecidos. Mantenga un bolígrafo y papel y escriba su pregunta. Luego espere un rato y le guiarán para que escriba la respuesta a su pregunta. Solo debe estar abierto a recibir su ayuda. La meditación también es una excelente manera de trabajar con sus antepasados. Siéntese en silencio en un lugar tranquilo. Concéntrese en el ancestro al que quiere llamar y medite sobre él. Harán sentir su presencia y también responderán a su pregunta.

## Conocer la presencia de los seres queridos y antepasados fallecidos

¿Cómo hacen notar su presencia los seres queridos que han fallecido? A continuación se presentan algunas señales claras a las que debe estar atento.

**Su presencia se puede sentir.** Hay una presencia claramente discernible en su espacio. Es posible que esté solo en una habitación. Pero sabe que no está solo. Hay alguien más allí con usted. Podría ser solo un sentimiento. Pero el sentimiento es demasiado real y fuerte como para ignorarlo. También puede sentir sus emociones. Sea sensible a este sentimiento y reconózcalo.

**Se oye una voz.** Las personas con poderosos sentidos auditivos pueden escuchar la voz de su querido ser querido fallecido. Claire perdió a su madre a causa del cáncer el año pasado y todavía está luchando con la pérdida. Su madre fue un gran pilar de apoyo, y Claire no pudo superar su dolor. Se tomó un descanso de la universidad, pero eso no ayudó en absoluto. De hecho, tener menos cosas que hacer profundizó su dolor y soledad. No tenía un padre en quien apoyarse; los había dejado hacía mucho tiempo.

Un día, mientras estaba sola, sintiéndose desolada y perdida, escuchó la voz de su madre, consolándola y exhortándola para que siguiera adelante con su vida. Tuvieron una larga conversación en la que el dúo de madre e hija recordó los momentos felices que habían vivido juntas. Las últimas palabras de su madre fueron:

*"Mi querida hija, recuerda que siempre estoy a tu lado. Es posible que no sea visible para ti como antes. Pero puedo verte y sentirte. También puedes sentir mi presencia. Acércate a mí siempre que me necesites. Pero no dejes de vivir tu vida. Mereces seguir adelante y encontrar la felicidad y el amor tal como yo lo hice".*

Claire se sintió abrumada por las emociones después de esa conversación. Pero la ayudó. Se reincorporó a su curso universitario y lo completó con honores. Encontró un trabajo de su agrado, se enamoró, se casó y tuvo hijos. Su madre siempre estuvo ahí, dándole ayuda y consejos siempre que lo necesitaba.

A veces, puedes sentir el toque de tu ser querido fallecido. Es posible que sientas su abrazo o que simplemente te dé una palmadita en la espalda. Incluso si esto es raro, sucede, especialmente si puede reconocer el toque de la persona fallecida. Por ejemplo, una esposa puede sentir el abrazo de su esposo fallecido. Un niño puede sentir el abrazo de su madre.

A menudo, el espíritu del antepasado puede comunicarse mediante una fragancia. Por ejemplo, en el ejemplo anterior de Claire, a su madre le encantaban las rosas. Claire olía las rosas a pesar de que no había plantas de rosas ni flores cerca. Era la manera que tenía su madre de decirle que estaba cerca. Claire sentiría esta fragancia cuando buscara a su madre en momentos de estrés.

Rara vez su ser querido fallecido puede hacerse visible para usted en su forma humana, total o parcialmente. La persona podría aparecer en toda su forma, sana y vigorosa, y con una sonrisa. A veces, es posible que vea una estructura borrosa de su forma. Trate de ser más receptivo a estas imágenes entre los estados de sueño y vigilia.

A veces, usan formas materiales para comunicarse contigo. Las luces pueden apagarse y encenderse sin motivo. Los libros podían caerse de los estantes sin que nadie los tocara o moviera. La foto enmarcada de la persona fallecida puede seguir cayéndose. Todas estas son formas de hacer sentir su presencia o llamar tu atención.

Los espíritus de los seres queridos fallecidos pueden usar símbolos para comunicarse con usted. Los símbolos comunes incluyen arcoíris, pájaros, flores, mariposas u otras imágenes que les encantaron durante su vida. Por ejemplo, si su cónyuge falleció recientemente y le encantaban las mariposas, una mariposa podría volar y posarse en su hombro, lo que indica la presencia de su espíritu cerca.

# Ritual de veneración a los antepasados para principiantes

El ritual descrito en esta sección está diseñado específicamente para principiantes que esperan volver a conectarse con los antepasados perdidos. Puede ser que esté haciendo esto por primera vez o que su familia, en algún lugar en medio de la modernización, haya perdido el contacto con los espíritus de tus antepasados.

Lo primero que debe hacer antes de comenzar el ritual es obtener los nombres de todos tus antepasados lo más atrás posible. Hable con sus parientes ancianos vivos y averigüe los nombres de sus abuelos y bisabuelos, que serán todos sus antepasados. Tome nota de los nombres de sus padres, abuelos y bisabuelos fallecidos. Si alguien de su familia tiene un diario de un tío o tía fallecido, léalo para saber más sobre su familia. También puede incluir a personas que le hayan cuidado durante su infancia, como institutrices cariñosas, niñeras, tutores en el hogar y otras personas que hayan fallecido.

Asegúrese de haber ayunado antes del ritual durante al menos una hora. A continuación, encienda una vela blanca; basta con una simple vela que tenga en casa. Coloque un poco de pan sin rebanar y una copa de vino, o cualquier otro alimento que le guste a usted y a su familia, frente a la vela. Puede hacerlo solo o incluir a amigos y familiares que quieran ser parte del ritual.

Acomódese en su asiento. Respire profundamente unas cuantas veces con los pies apoyados en el suelo y relájese. Luego, diga la siguiente oración:

*"Recuerdo a mis queridos antepasados y a mis padres (diga los nombres si han fallecido, o use la última persona que ha fallecido). Recuerdo que esta es la comida que comían. Este es el lugar donde*

*vivieron y respiraron. Este es el vino que bebieron".*

En este punto, lea los nombres de todos los antepasados que ha anotado. Después del nombre de cada antepasado, diga una breve oración por su alma y agradezca al espíritu por su presencia en su vida. Repita la oración anterior al final de la lista.

Cuando se sienta satisfecho, rompa un pedazo de pan, tome la copa de vino en su mano, de las gracias a los espíritus la comida y la bebida, y colóquela cerca de la vela. Siéntese en silencio por un rato, dando tiempo a los espíritus para que tomen sus ofrendas. Después de unos minutos, comparta el pan y el vino con quien esté presente en el ritual.

Antes de levantarse, agradezca a los espíritus de sus antepasados por venir y deles permiso para irse. Deje que la vela se consuma sola. Si mira fijamente la llama el tiempo suficiente, es posible que veas señales y visiones en respuesta a las preguntas que busca. Hay varias formas que los espíritus de los seres queridos fallecidos podrían usar para comunicarse y conectarse con usted. Solo necesita abrir su corazón y su mente y permitir que el milagro mágico tenga lugar e impacte positivamente en su vida. Solo hay un pequeño punto de discusión antes de terminar este capítulo. ¿Cuál es la diferencia entre los seres queridos fallecidos y los antepasados?

Los seres queridos fallecidos son aquellos con los que has tenido contacto en tu vida. Sus padres, abuelos, tíos y tías favoritos, primos, hermanos, incluso amigos cercanos, etc., generalmente se conocen como seres queridos fallecidos. Los antepasados pueden remontarse a muchas generaciones en su familia de cualquiera de los lados de tus padres. También pueden ayudarle a lidiar con los problemas.

Normalmente, los espíritus de sus antiguos antepasados son llamados a resolver problemas familiares pertinentes que han estado en la familia durante años y años. Es probable que los viejos antepasados de hace muchas generaciones tengan información que le ayude a poner fin a la miseria de las generaciones futuras. Por lo tanto, en este caso, llame a tus antepasados. Nada puede impedir que estos espíritus permanezcan continuamente en su vida después de haberlos convocado una vez y haber recibido su ayuda. También pueden convertirse en sus mejores amigos.

Los espíritus de los seres queridos fallecidos le ayudan a lidiar con los problemas personales, como la forma en que la madre de Claire la ayudó a lidiar con su pérdida. Por lo tanto, llame a su pariente favorito y tome su ayuda para mejorar su vida o resolver un problema persistente.

# Capítulo ocho: Conectando con los maestros ascendidos

Los maestros ascendidos también pueden aparecer como guías espirituales. ¿Quiénes son los maestros ascendidos? Son seres iluminados, los más evolucionados en la jerarquía espiritual. Están por encima incluso de los arcángeles y otros guías espirituales. Vivieron una vida de la más alta virtud, sacrificando todo lo que tenían por el bienestar de los demás y para realizar la verdad última.

Ejemplos de maestros ascendidos son Buda, Jesús, Moisés, Melquisedec, María, Santa Germain, San Francisco, Yogananda y muchos más. Conectarse y comunicarse con los maestros ascendidos, aunque sea una vez, puede ser un encuentro que cambia la vida. Si bien los

Buda es uno de los maestros ascendidos[9]

maestros ascendidos pueden ayudarle de varias maneras, su papel principal en este universo es aumentar su conciencia de la energía espiritual que impregna todo en este mundo.

Las enseñanzas de Buda se basaban en el hecho de que cada persona tiene la capacidad de alcanzar la budeidad, lo que significa que cada uno tiene el potencial de convertirse en un maestro ascendido. Es algo innatamente humano que yace enterrado en lo profundo de la psique, cubierto por capas de deseo y codicia por el materialismo. La forma de superar estas capas es alcanzable, aunque sea difícil. Tiene que despejar múltiples obstáculos y tomar decisiones de vida positivas pero difíciles, y para hacer esto implacablemente y durante el tiempo suficiente para lograr la maestría ascendida se necesitan múltiples renacimientos.

## La formación de los maestros ascendidos

Los propios maestros ascendidos tuvieron que cruzar estos obstáculos y han tenido miles de renacimientos antes de alcanzar su estatus sagrado en su vida final en esta Tierra. Cada renacimiento representa transformaciones espirituales que experimentaron para aprender los secretos más profundos de la vida para poder ascender al plano espiritual y permanecer allí por la eternidad, ayudando a la humanidad. Utilizan el proceso de autodominio para la transformación espiritual.

Con cada paso de auto-maestría, se vuelven cada vez más iluminados hasta que pueden voluntariamente dejar ir su cuerpo y convertirse en un alma pura que asciende al reino espiritual y se convierte en un maestro ascendido. Por lo tanto, los maestros ascendidos son personas como usted, que enfrentan desafíos similares en la vida. Lo que los diferencia de los seres humanos normales es que eligen expresarse como un reflejo puro de la voluntad divina, dejando de lado las tendencias humanas más bajas como la codicia, el deseo, la ira, el miedo, etc.

Convertirse en un maestro ascendido se basa en tres principios cruciales: karma, reencarnación y ascensión. Aquí, este capítulo analiza estos tres elementos con un poco más de detalle.

**Karma** - El concepto de karma forma el núcleo del hinduismo y el budismo. Pero todas las religiones, incluyendo el cristianismo, el judaísmo, los judíos cabalísticos, el islam y otras, hablan de este concepto de una forma u otra. En el lenguaje dominante de la espiritualidad, karma se puede traducir como "*cosechas lo que siembras*", aunque el concepto kármico es más profundo que eso. El karma le hace responsable de cada acción que hace y de cada elección que toma.

De acuerdo con la ley del karma, lo que sucede hoy en su vida en el momento presente es el resultado de sus acciones en el pasado, que pueden ser minutos, días, semanas, meses, años o vidas atrás. Cada "buena" acción que haga le da puntos "positivos", y cada acción "mala" le da puntos "negativos". La razón de las comillas de las palabras bueno, malo, positivo y negativo es que todo en este mundo es relativo, y lo que es bueno hoy se convierte en malo mañana y viceversa. Y así, la rueda kármica continúa.

El truco para aumentar las posibilidades de su ascensión es salir de la rueda kármica. Y la forma de salir es irradiar compasión, bondad y perdón en todo momento, independientemente de lo que esté sucediendo a su alrededor. Los maestros ascendidos saben que las respuestas a las preguntas dolorosas de la vida se encuentran dentro de usted y no fuera. Por lo tanto, cada vez que se enfrentaban a desafíos en sus vidas que sacaban a relucir la negatividad en ellos, se volvían hacia adentro para enfrentar y lidiar con estas negatividades sin permitir que el veneno afectara a los que los rodeaban.

Estos maestros ascendidos lidiaron con sus deseos destructivos de manera similar, asegurándose de que nadie resultara herido. Ellos se enfrentaron a sus propias negatividades y usaron esa energía para elevar sus vibraciones para la ascensión final. Estos maestros saben que todos y todo en este mundo está interconectado, y los aspectos negativos de la vida son los desafíos y obstáculos que ayudan en el autodominio. Nadie, ni siquiera a usted mismo, tiene que ser culpado por nada. Todo es el resultado de acciones pasadas, y la forma de salir de la rueda kármica es lidiar con la vida con compasión y amabilidad hacia uno mismo y hacia los que le rodean.

**Reencarnación** - El karma le hace responsable, mientras que la reencarnación le permite pagar las deudas kármicas, lo que, a su vez, le ayudará a salir de la rueda kármica. La reencarnación o renacimiento permite a su alma recorrer el camino de la evolución y el progreso hacia la iluminación o la ascensión. Las almas de los maestros ascendidos no están obligadas a renacer en el mundo humano. Permanecen en el reino espiritual para enseñar, sanar y ayudar a los seres humanos a alcanzar vibraciones más elevadas.

**Ascensión** - La ascensión o iluminación no es más que el retorno de su alma a su origen divino. Todas las cosas en este universo tienen una chispa divina que los conecta con la divinidad o Dios supremo. El proceso de ascensión implica abrir su corazón y su mente para cortar las capas de los instintos más bajos para llegar a su ser superior y reconectarse con esa chispa divina que yace incrustada en su alma. La ascensión y la iluminación incluyen:

- Despertar de la mente aprendiendo las lecciones que enseñan los desafíos y obstáculos que la vida le presenta.
- Despertar una nueva personalidad, gracias a las lecciones aprendidas a través del despertar de la mente.
- Despertar de su energía espiritual, gracias a pasar de los instintos más bajos a los reinos superiores del pensamiento y la conciencia.

A medida que domine los pasos anteriores, su alma despertará lenta pero seguramente hasta la ascensión final y la reunión con la divinidad última.

## Los maestros ascendidos y sus enseñanzas

**Buda** - También conocido como el Iluminado, Buda nació como el príncipe Siddhartha en el seno de una familia real. En el momento de su nacimiento, los sabios predijeron que sería un emperador del mundo o un poderoso asceta. Su padre no quería que fuera asceta, por lo que se aseguró de que su hijo viviera en lujosas comodidades, ocultándole los sufrimientos y el dolor del mundo.

Pero el destino intervino, y Siddharta abandonó una vida de lujo y se fue en busca de la verdad espiritual más elevada. Cuando la encontró después de años de enfrentar obstáculos y desafíos, se convirtió en Buda, el Iluminado. Vive en el mundo espiritual, ayudando a la humanidad a llevar una vida equilibrada del "camino del medio", un principio que propuso según el cual la moderación de todo es la clave de la felicidad y la reducción del deseo. Propuso las siguientes cuatro nobles verdades para alcanzar la Budeidad que es inherente a cada uno de nosotros:

- El sufrimiento es un aspecto innato de la existencia.
- El deseo es la raíz del sufrimiento.

- Se puede terminar con el sufrimiento renunciando al deseo.
- Y finalmente, Buda propuso el óctuple camino de cómo renunciar al deseo. El óctuple sendero se compone de los siguientes elementos: la visión correcta, el pensamiento correcto, el habla correcta, la acción correcta, el sustento correcto, el esfuerzo correcto, la atención correcta y la concentración correcta.

**Oración a Buda** - *"Oh, Bendito Buda, tú eres el recipiente de la compasión y el otorgador de paz. Amas incondicionalmente y eres la fuente de la verdadera felicidad. Guíame hacia la liberación y la iluminación".*

**Babaji** - También conocido como Mahavatar Babaji o el inmortal, Babaji trajo el antiguo sistema de Kriya Yoga a la vida principal, ayudando a miles de personas a lograr el equilibrio, la paz y la armonía en sus vidas. Con su ayuda, puede acercarse a lo divino. Él le guiará para que siga la voluntad de Dios y Su propósito para usted en esta vida. Babaji puede ayudarle a tener una clara comunión con Dios, simplificando su vida para que sea libre de seguir su espiritualidad, desprendiéndote del materialismo excesivo y reduciendo sus deseos y antojos para que no le causen daño.

**Oración a Babaji** - *"Querido Babaji, estoy agradecido por tu presencia en mi vida. Eres mi guía y mentor, ayudándome a superar los confusos conflictos de la vida y enseñándome formas de superar los obstáculos que se interponen en mi camino para llegar a ti. Rezo para que tomes mi mano e ilumines mi camino durante esta vida y la vida futura hasta que mi alma pura se libere de la rueda kármica".*

**El Morya** - El Morya era el hijo del rey de Cachemira, un hermoso reino en el norte de la India, que se convirtió en monje. Vivió durante la segunda mitad del siglo XIX y frecuentó los monasterios y retiros en el poderoso Himalaya. Fue uno de los miembros fundadores de la Sociedad Teosófica, establecida en 1875.

Se cree que sus nacimientos anteriores fueron Abraham, Melchor (uno de los tres Reyes Magos), el rey Arturo, Tomás Becket, Tomás Moro y muchos más antes de que se convirtiera en un maestro ascendido en su vida como El Morya. Puedes acercarte a él cuando necesite ayuda en asuntos de fe, toma de decisiones, protección psíquica y mantenerse fiel a tus principios y creencias.

**Oración a El Morya** - *"El Morya, estás a mi lado en todo momento. En tu nombre, piso tierra santa. Tú me das la fuerza para mantener mis días felices y santos en el nombre de Dios. Tú y yo somos uno. Mantenme con los pies en la tierra y humilde, y mi corazón y mi mente apuntando solo hacia Él".*

**Jesús** es el único hijo de Dios que fue enviado a la tierra por Él debido a su profundo e insondable amor por la humanidad. Jesús sintió los efectos de las tentaciones como lo hacen los hombres comunes. Sin embargo, eligió elevarse por encima de las tentaciones mezquinas y guiar a sus seguidores a la redención y la ascensión. Llame a Jesús cuando necesite una comunicación clara con lo divino en asuntos de perdón, alejarse de la tentación y sanación de todo tipo.

**Oración a Jesús** - *"Querido Señor Jesús, abre mis oídos para que pueda escuchar su palabra. Abre mi corazón para que pueda abrazarlo en mi vida. Abre mi mente para que pueda ver Su poder. Tú eres mi camino hacia Él. Te suplico que nunca me abandones".*

**Kuthumi** - El maestro Kuthumi (también escrito Koot Hoomi) vivió muchas vidas, incluyendo, pero no limitado a, Pitágoras, Baltasar (uno de los tres Reyes Magos) y San Francisco de Asís. Era conocido como un maestro de la psicología y era un gran defensor de la juventud. Fue uno de los miembros fundadores de la Sociedad Teosófica. Él es el maestro que busca cuando necesita encontrar el propósito de su vida, la resolución de problemas y el enfoque.

**Oración a Kuthumi** - *"Querido Kuthumi, te suplico que me enseñes a través de mi propio corazón la verdad que busco. Muéstrame las respuestas que busco. Muéstrame el camino de mi vida y mi propósito en esta vida. Sana mis cuerpos físico y mental para que pueda caminar por el camino que Él me ha destinado".*

**Moisés** - Dios llamó al profeta Moisés para que liberara a los esclavos de Egipto y los llevara a la Tierra prometida. Por mandato de Dios, entregó los diez mandamientos a los israelitas. Él es el maestro que debe buscar cuando experimenta la diversidad y necesita una perspectiva positiva. Promueve las cualidades de liderazgo. Rece a Moisés cuando necesite el coraje para enfrentarse a las personas con autoridad. Busque su ayuda cuando su fe sea sacudida por cualquier razón. Él hará milagros por usted.

**Oración a Moisés** - *"Querido y glorioso Moisés, sé mi mensajero para Él. Llevad mi mensaje a Él. Pídele que me libere de mi* *sufrimiento. Enséñame a mantenerme con los pies en la tierra y fiel a Él y al camino que Él me trazó. Haceme milagros para que pueda hacer Su voluntad en esta vida y en la otra".*

**Melquisedec** - Su nombre se traduce como "rey de justicia". Era el sacerdote de Salem y se menciona en el Antiguo Testamento. Habló de Dios como el "creador y libertador". Sin embargo, no hay constancia de su nacimiento y muerte. Sostiene la energía masculina del mundo, equilibrando la energía femenina de la Virgen María. Acérquese a él para corregir circunstancias desagradables, purificación, protección psíquica y transformaciones.

**Oración a Melquisedec** – *"Glorioso San Melquisedec, ayúdame a lidiar con lo desagradable de mi vida con valentía y sin dañar a nadie. Ayúdame a meditar en las profecías que hiciste y a llenar mi vida de pureza para que pueda vivir la vida que Él destinó para mí".*

**San Francisco** - San Francisco de Asís es el santo patrón de la naturaleza, especialmente del mundo animal. Nacido en el seno de una familia rica, sirvió como soldado y fue prisionero de guerra. Durante su tiempo en la cárcel, recibió una epifanía de Jesús, exhortándolo a dejar de lado su vida mundana y seguir el camino espiritual. Busque su ayuda para las necesidades de sus mascotas y animales, encontrando una carrera adecuada a su personalidad, devoción espiritual y para sus luchas contra la delincuencia.

**Oración a San Francisco** – *"Amado San Francisco, enséñame a amar donde hay odio. Enséñame a perdonar cuando estoy herido. Enséñame a traer luz cuando hay oscuridad. Enséñame a mantenerme fuerte en mi fe y ayúdame a descubrir mi verdadero propósito".*

**San Juan** - San Juan es el patrón de los enfermos y sus cuidadores. Es uno de los 12 apóstoles de Jesús, el Hijo de Dios, que vino a sanar a la humanidad y enseñar a los humanos la compasión y el perdón. Busque la ayuda de San Juan cuando esté experimentando depresión y ansiedad. Él cura las dolencias del corazón y le ayuda con dedicación espiritual.

**Oración a San Juan** – *"San Juan, sana mi enfermedad. Enséñanos a mí y a mi cuidador a tener paciencia para que podamos pasar esta difícil fase con la mínima dificultad. Tú eres mi patrón y protector. Acéptame como tu estudiante y muéstrame el camino hacia una vida libre de enfermedades".*

**Virgen María** - La madre María se convirtió en maestra ascendida muchos años antes de nacer de nuevo para convertirse en el vaso bendito para llevar al Señor Jesucristo. Antes de su nacimiento como Virgen María, fue nómada y dejó su tribu para vivir en una cueva para pasar su vida en soledad y oración. Ella se convirtió en una maestra ascendida solo en esa vida. Busque su ayuda cuando necesite ayuda con respecto a todos los asuntos relacionados con los niños, el parto y la adopción. Ella es la madre de la gracia, la fe, la compasión y la misericordia. Ella es una sanadora.

**Oración a la Madre María** - *"Querida Santísima Madre María, te suplico que mantengas a mis hijos a salvo de todo tipo de daño. Enséñame compasión y bondad para que pueda transferir tus lecciones a mis amados hijos para que ellos puedan transferir el conocimiento a sus hijos hasta que el mundo se llene de personas compasivas y amables, el mundo con el que Él sueña".*

**Yogananda** - Parahamsa Yogananda trajo el mundo del Kriya Yoga de la India al mundo occidental. Enseñó al mundo occidental a meditar y cantar para que puedan encontrar la paz interior y la armonía y, a su vez, reconectarse con su alma. Llámelo para que encuentre la paz, el amor divino y todos los aspectos del yoga que le liberen de las cargas del mundo material.

**Oración a Yogananda** - *"Mi querido y amado Yogananda guruji, ilumina mi oscuridad, despierta mi alma y ayúdame a encontrar mi paz interior para que pueda vivir con alegría significativa difundiendo felicidad a mi pequeño mundo".*

Puede conectarse con los maestros ascendidos que elija de tres maneras simples: meditando y/o canalizando su energía para recibir su información. El proceso de meditación ya ha sido discutido en los capítulos anteriores. Aquí hay algunos pasos simples sobre cómo puedes usar la canalización para recibir las palabras de sabiduría de su maestro:

1. Encuentre un objeto a través del cual quiera canalizar su energía. Podría ser su diario, Biblia o libro de su religión, lienzo o cualquier otra cosa a la que esté apegado.
2. Busque un lugar tranquilo y tranquilo para el ritual.
3. Cierre los ojos y establezca la intención de llamar a su maestro. Que la intención sea simple pero poderosa. Por ejemplo: *"Llamo al maestro Yogananda para que venga y se siente conmigo ahora".*
4. Dele la bienvenida a su maestro y hágale su pregunta.

5. Use el canal que elija para escribir las respuestas que escucha o siente. Escriba lo que le venga a la mente. Recuerde, su maestro le está hablando a través de la mente.
6. Inicialmente, puede dudar del proceso. Sin embargo, a medida que siga practicándolo, notará cómo ideas y pensamientos hasta ahora ocultos pasan a primer plano, y se le revelarán respuestas.
7. Desarrolle un fuerte vínculo con su maestro ascendido para mantener la comunicación fuerte entre ustedes dos.

Y, por último, lea mucho sobre su(s) maestro(s) ascendido(s) elegido(s), aprenda de sus experiencias de vida e implemente lo que aprenda en su vida tanto como pueda. Cuanto más trates de imitar la vida de su maestro ascendido, más se alineará su energía con su vibración. Definitivamente responderán a su llamada de ayuda.

# Capítulo nueve: Trabajar con dioses y diosas

Este capítulo final se centrará en cómo comunicarse con dioses y diosas que vienen como ángeles de la guarda para ayudarlo cuando necesite invocarlos. Aquí, eche un vistazo a algunos de ellos con los que puede encontrar una conexión.

## Encuentre a su ángel de la guarda en el panteón de dioses y diosas

**Ganesha** - El dios elefante hindú es conocido por muchos nombres, incluyendo Ganesha, Ganapati, Vignaharta y otros. Es el dios de la superación de obstáculos. Los hindúes le rezan antes de iniciar cualquier empresa, buscando ayuda para hacer frente a los posibles obstáculos en la empresa. Un festival anual en su honor se celebra con gran pompa en toda la India.

Ganesha, el dios de la eliminación de obstáculos⁹

Busque su ayuda para superar todo tipo de obstáculos en tu vida. Es posible que se deshaga de ellos o que le ayude a superarlos. Invóquenle, y él vendrá en su ayuda.

**Oración a Ganesha** - *"Señor Ganesha, ocúpate de los desafíos en mi camino para que pueda tener éxito en mis esfuerzos. Dame la fuerza y el coraje para superar las luchas y salir ileso y con éxito".*

**Devi** - Devi es una poderosa diosa hindú, que se cree que es el aspecto femenino del creador y la creación. Ella es la madre universal. Sin ella, la voluntad divina no habría sido capaz de crear el mundo. Devi puede aparecer como una diosa cariñosa y suave o como una enojada que viene a destruir el mal violentamente si es necesario.

En todas las aldeas de la India, se la adora de una forma u otra. Tiene un templo dedicado a su nombre en el pueblo o ciudad, y la gente de esa zona la considera la deidad de su familia y le reza por todas sus necesidades. Ella los mantiene y protege a sus pupilos con amor e incondicionalmente.

Rece a Devi para purificar cuerpo y mente, deshacerse de las adicciones, encontrar sentido en tu vida y protegerle. Llámela para todo tipo de ayuda, desde las necesidades materiales hasta la sanación y la elevación espiritual. Ella responderá a su llamado porque ella es la madre divina de toda la creación.

**Oración a Devi** - *"Querida Diosa Devi, te ruego que me protejas y te consuelo. Guárdame a salvo del mal. Muéstrame el camino del amor y ayúdame a lidiar con los obstáculos y desafíos. Esté siempre a mi lado. Enséñame a discernir entre el bien y el mal, para que pueda tomar las decisiones correctas".*

**Kali** - Kali también es una forma de Devi. Kali significa "negro". Su piel negra representa la oscuridad y el mal que ha destruido y consumido para proteger a sus seguidores y creyentes. Ella destruye los fuertes lazos del materialismo que atan a las personas a su rueda kármica, y debido a esto, las personas son libres de ascender a reinos superiores de conciencia.

Busque su ayuda si necesita deshacerse del miedo y las incertidumbres. Es la diosa de la muerte cuando se trata de lidiar con el miedo. Al igual que una madre que mantiene a sus hijos a salvo del peligro, Ma Kali (Madre Kali) destruye el mal y le mantiene a salvo. Busca su ayuda si estás luchando en los ámbitos de la determinación, el enfoque, la motivación, la dirección, la tenacidad y la búsqueda de una luz que le guíe en un mundo oscuro. Ella iluminará su mundo.

**Oración a la Diosa Kali** - *"Querida Ma Kali, mientras destruyes las fuerzas del mal por el bien de la humanidad, destruye los lazos negativos* que me atan a la rueda kármica. Libérame de esta carga para que pueda encontrar el camino que conduce a ti. Ayúdame a mantener altos mis niveles de determinación y concentración. Ilumina mi oscuridad para que pueda eliminar el miedo de mi cuerpo, mente y alma".

**Diana** - Diana es la diosa de la luna y de la caza. Representa la pureza y es buscada por las mujeres que quieren concebir. Las mujeres también la buscan para facilitar el parto. Representada como una dama alta y hermosa, acude en ayuda de todos los padres. Busque su ayuda para asuntos relacionados con la cría de animales, partos y embarazos, problemas de infertilidad, etc.

**Oración a la Diosa Diana** - *"Querida Diosa, mantén a mis hijos a salvo de cualquier daño. Muéstrame el camino para ser un padre sano. Enséñame lo que necesito saber para criar bien a mis hijos".*

**Ginebra** - Ginebra se traduce como "sombra blanca" y es la diosa celta de la maternidad, la fertilidad y el amor. Ella trae prosperidad y fertilidad a la Tierra. Si necesita encontrar a tu alma gemela o amor verdadero, comuníquese con ella para que le ayude. Ayuda a deshacerse de emociones negativas como los celos y el deseo de venganza. Se ocupa del equilibrio y la armonía, asegurándose de que no te quedes atascado en los extremos del espectro.

**Oración a Ginebra (para la concepción)** - *"Querida Diosa Ginebra, mi esposo y yo queremos tener un hijo. Bendícenos para que podamos tener uno en tu reflexión. Que él o ella sea concebido en mi vientre a través de tu bendición. Concédeme esta bendición".*

**Por encontrar a tu alma gemela** - *"Querida diosa Ginebra, estoy sola y perdida en este mundo de carreras. Muéstrame el camino hacia mi verdadero amor, el que se quedará conmigo (y yo con él o ella) hasta que la muerte nos separe. Ayúdame a encontrar a mi alma gemela para que podamos construir un nuevo hogar juntos para nuestros hijos".*

**Krishna** - Krishna fue la reencarnación del señor Vishnu, quien nació como humano para deshacerse del adharma (o injusticia) y restablecer el dharma (justicia) en la Tierra. Cada vez que el mundo se desborda de adharma, el Señor Vishnu nace (o un avatar humano) para restablecer el dharma. Krishna es el octavo avatar del Señor Vishnu. Se le representa como una persona romántica y amante de la diversión, aunque puede empuñar el mazo de la justicia sin concesiones cuando llega el momento. Da alegría y felicidad a sus bhaktas (o seguidores).

Rece al señor Krishna por todo lo relacionado con el amor romántico, las relaciones y amistades, la purificación, la protección, las necesidades materiales, el despertar espiritual y todo lo demás. Él es un dador de bendiciones, y todo lo que pide es su amor incondicional y su entrega a él. Es conocido por miles de nombres, incluyendo Krishna, Kanha, Balagopal, Gopal, Venugopal y muchos más.

**Oración al señor Krishna** - *"Querido Krishna, tú eres la fuente última de este cosmos. Sin ti, no soy nada. Me entrego a ti incondicionalmente. Muéstrame el camino que tengo que tomar y el trabajo que tengo que hacer. Cumpliré tus órdenes y te entregaré los resultados de mi trabajo".*

**Quan Yin** - Quan Yin es la diosa china de la compasión, la protección y la misericordia. Se cree que esta hermosa deidad responde a todas las oraciones que se le hacen, y no deja ninguna oración sin respuesta. Ama tanto a la humanidad que incluso después de la iluminación, conservó su forma humana en lugar de abrazar la budeidad.

Además de la compasión y la misericordia, es la diosa de la clarividencia, la belleza, las habilidades musicales, la feminidad y la dulzura. También enseña autocompasión y tiene una afinidad adicional por las mujeres y los niños. Cuando se encuentre tambaleándose en medio de la confusión, búsquela para obtener estabilidad y arraigo.

**Oración a Quan Yin** - *"Querida Diosa Quan Yin, bendíceme con tu poderosa compasión y misericordia. Enséñame a lidiar con mis errores pasados con autocompasión y amabilidad. Protege a mis hijos y muéstrame misericordia si me he equivocado".*

**Lakshmi** - Lakshmi es la diosa hindú de la riqueza y la prosperidad. Su función principal es ayudar a la humanidad a encontrar carreras generadoras de ingresos para generar riqueza, un elemento importante para la felicidad humana. Búsquela para obtener grandes recompensas, especialmente en forma de riqueza material y abundancia.

Si se encuentra atrapado en una rutina financiera, la diosa Lakshmi es la que debe buscar. Es la diosa de la abundancia, la estética, la belleza, la resistencia, la comida y el equilibrio entre la espiritualidad y el materialismo. Se la representa como una hermosa dama que derrama oro sobre sus buscadores.

**Oración a la Diosa Lakshmi** - *"Querida Diosa, bendíceme a mí y a mi familia con abundancia. Quédate en mi casa para que nunca nos falte nada. Manifestar mis deseos para que mi familia y yo podamos* *encontrar la felicidad que buscamos".*

**Serapis Bey** - Serapis Bey es el dios egipcio del inframundo. Su papel principal es disciplinar a las personas para que comiencen el arduo viaje hacia la ascensión física y espiritual. Motiva a sus seguidores a estar en buena forma física y a adoptar estilos de vida saludables. Busque su ayuda para lidiar con los antojos y las adicciones, la pérdida de peso y las cosas relacionadas con el ejercicio, cumplir las profecías y ascender a planos superiores de conciencia.

**Oración a Serapis Bey** - *"Querido Dios del Inframundo, ayúdame a mantenerme decidido en mi viaje de acondicionamiento físico y estilo de vida saludable. Bendíceme para que pueda evitar la pereza y la procrastinación. Motívame a dar lo mejor de mí a través del trabajo duro y la determinación. Protégeme de los males de los antojos y deseos indebidos".*

**Hércules** - El héroe sin igual de las leyendas romano-griegas, Hércules (Heracles en griego) no es todo masculino y espectáculo. También es un ángel de la guarda, un guerrero que ama a la humanidad. Es conocido como el guardián de la humanidad, manteniéndote a salvo de peligros y peligros. Récele para que le dé valor, fuerza y tenacidad.

**Odín** - Odín es el Padre de Todos en la religión pagana nórdica. Tiene asignados numerosos poderes y responsabilidades. Su velocidad y fuerza son inigualables, y también se sabe que controla el espacio y el tiempo. Busque su ayuda si quiere desarrollar su fuerza mental, emocional y física.

**Thor** - Thor es el dios nórdico del trueno. Es hijo de Odín, otra deidad importante en la mitología escandinava. Thor puede luchar contra los espíritus malignos, la negatividad e incluso los dragones para mantener a sus pupilos, incluidos los hombres y los dioses, seguros y protegidos.

**Frigga** - Frigga es la esposa de Odín. Tiene el poder de la previsión y también la capacidad de cambiar el curso del destino. Busque su ayuda cuando se sienta atrapado en una rutina y quiera cambios positivos en su vida.

# Cómo conectar con dioses y diosas

Hay muchas maneras de conectarse con dioses y diosas. La forma más fácil y efectiva es a través de la oración.

**Oraciones** - Rezar a la deidad elegida no es nada más complejo que hablar con él o ella. Puede rezar usando oraciones escritas o crear las suyas propias, como las que se dan en el capítulo para algunos de los dioses. Rezar puede ser un asunto formal, en el que te sientas frente a un altar y sigas ciertos rituales, o informal, en el que simplemente se sienta en silencio y habla con tu dios. Las oraciones forman la base de cualquier práctica espiritual. Incluya oraciones en su rutina diaria y abrace la felicidad y el propósito que se filtra en su vida desde el plano divino.

**Meditación** - Como todas las formas de meditación, siéntese tranquilo y cómodamente en un lugar donde no le molesten, cierre los ojos y medite en la forma de su deidad elegida. También puede usar un mantra para repetir durante la sesión de meditación. Este mantra podría ser una afirmación positiva hacia un propósito específico o un canto que aclama a su deidad, buscando sus bendiciones.

**Lectura** - Puede leer de tu libro sagrado favorito para conectarse con tu dios. Como cristiano, lea sus pasajes favoritos de la Biblia. Tome un shloka del Bhagavad Gita y léalo como un mantra; elija un versículo del Corán y léalo. Cualquiera que sea la religión que siga, lea libros sagrados de esa religión, y se encontrarás cada vez más cerca de sus deidades elegidas. Cada poema, himno, canción, verso o canto que incluya los nombres de Dios puede ser usado para este propósito. Incluya la lectura espiritual en su rutina diaria de oración.

Las personas espirituales más experimentadas utilizan métodos avanzados para comunicarse con dioses y diosas. Utilizan el viaje a los otros mundos o la alteración de su conciencia para que puedan ser conducidos a los otros mundos para comunicarse con su deidad elegida. Para principiantes y novatos, los tres métodos mencionados anteriormente, en particular las oraciones, hacen maravillas.

Cuanto más practique la comunicación con sus deidades, más fuerte será su vínculo. Su capacidad para escuchar sus mensajes e interpretar los signos y señales que le envían mejorará. Hablar con sus ángeles de la guarda pronto se convertirá en algo así como hablar con su mejor amigo en el planeta Tierra.

# Conclusión

En resumen, los ángeles de la guarda son seres espirituales que viven en el reino espiritual, pero con la esperanza, la intención y el papel dado por Dios de ser asistentes de la humanidad. Los arcángeles son creados por Dios mismo para seguir sus mandamientos y ayudar a la humanidad. Cada arcángel tiene un papel específico que desempeñar, aunque puede acudir a cualquiera de ellos para obtener todo tipo de ayuda. Los otros tipos de guías espirituales y ángeles de la guarda quieren ayudarle a su manera; solo tiene que acercarse a ellos.

Los ángeles de la guarda y los guías espirituales pueden aparecer en cualquier forma y hablarle de diversas maneras. Los guías animales vienen en forma de animales (como su nombre indica), y los espíritus de los antepasados vienen a tomar tus ofrendas y ayudarle a lidiar con los problemas familiares. Todo esto puede parecer un poco extraño al comienzo de tu práctica, especialmente porque todavía estás atrapado en el mundo limitado de cinco sentidos.

El truco para superar las limitaciones del mundo físico es abrir el corazón y la mente. El problema con la mayoría de las personas es que tienen miedo de abrir sus corazones por varias razones. Lo más importante, el miedo a lo desconocido y el miedo al dolor de perder lo que ya tienen. Además, las personas tienden a llevar su dolor pasado al futuro y tienen miedo de volver a ser lastimadas. Y así, cierran sus corazones y viven dentro de la aparente seguridad que les dan las "limitaciones".

Necesita encontrar la fuerza para romper estas barreras limitantes y experimentar todo lo que merece en el mundo físico y en los reinos más allá. Y para eso, tiene que abrir su corazón. Aquí hay algunos consejos para ese fin antes de terminar este libro:

- **Acepte su dolor.** *El dolor nunca mata;* solo le hace concentrarte en él para que pueda encontrar la raíz del problema y resolverlo. Lidiar con el dolor con sensatez le hace más fuerte y mejor que antes.

- **Salga de su zona de confort.** Cuanto más permanezcas en la comodidad de tu zona de confort, más rígidos e inflexibles se volverán su corazón y su mente. Siga saliendo de su zona de confort para desarrollar resistencia y resiliencia.

- **Háblele a su corazón y pregúntele qué quiere.** Enfréntese a sus miedos y demuéstrele que le importa. Su corazón responderá de la misma manera.

- **Identifique, comprométase y abrace su lado oscuro también.** Nadie es perfecto. Todas las personas tienen defectos, y sus fortalezas y debilidades hacen que cada persona sea única. Aceptar las debilidades es el primer paso para reconocer la autenticidad. Es fácil aceptar las fortalezas. Pero es igualmente importante identificar y aceptar el lado oscuro también para tener una experiencia de vida saludable. Su corazón se lo agradecerá y se abrirá a nuevas experiencias, un elemento clave para ir más allá del mundo físico.

Pase tiempo a solas y con los demás en medidas iguales y equilibradas. Primero, pase tiempo a solas para entenderse a sí mismo y conocer su singularidad. ¿Qué le define? ¿Qué le da alegría? ¿Qué le entristece? Una vez que se conozcas a sí mismo salga al mundo y relaciónese con las personas para que pueda aprender de ellas y complementar las brechas en su vida de diferentes maneras. Relacionarse con el mundo exterior también le permite saber que las fortalezas que ha dado por sentadas son enormes agujeros en la vida de los demás. Lenta pero seguramente, aprenderá sobre la maravillosa interconexión del universo, y su corazón se abrirá de par en par para aceptar todas las cosas que vendrán en el futuro.

Relacionarse con seres espirituales comienza desde adentro y termina en un lugar que trae todo el cosmos a tu corazón. Así que, continúe, comience el maravilloso viaje hacia sus ángeles guardianes con el corazón abierto, y su mente y alma lo seguirán.

# Vea más libros escritos por Mari Silva

# Su regalo gratuito

¡Gracias por descargar este libro! Si desea aprender más acerca de varios temas de espiritualidad, entonces únase a la comunidad de Mari Silva y obtenga el MP3 de meditación guiada para despertar su tercer ojo. Este MP3 de meditación guiada está diseñado para abrir y fortalecer el tercer ojo para que pueda experimentar un estado superior de conciencia.

https://livetolearn.lpages.co/mari-silva-third-eye-meditation-mp3-spanish/

## ¡O escanee el código QR!

# Referencias

"5 Señales Poderosas del Arcángel Gabriel Llegando a Ti". Www.alittlesparkofjoy.com, 18 de agosto de 2021, https://www.alittlesparkofjoy.com/archangel-gabriel/

"5 consejos para crear un espacio sagrado". HuffPost, 19 de abril de 2013, www.huffpost.com/entry/sacred-space_b_3094267.

"6 Tipos de Guías Espirituales y Cómo Comunicarse con Ellos". Mindbodygreen, 23 de enero de 2015, www.mindbodygreen.com/articles/types-of-spirit-guides.

"7 ángeles sanadores a los que invocar para tus chakras". Alma y Espíritu, 18 de mayo de 2017, www.soulandspiritmagazine.com/7-angels-call-upon-chakras/.

"7 formas impactantes en que los ángeles te hablan todos los días". Psych Central, 24 de julio de 2016, https://psychcentral.com/blog/life-goals/2016/07/ways-angels-speak-to-you#2.-Feelings-and-Physical-Sensations-.

"7 formas impactantes en que los ángeles te hablan todos los días". Psych Central, 24 de julio de 2016, https://psychcentral.com/blog/life-goals/2016/07/ways-angels-speak-to-you#6.-Signs-and-Symbols.

"7 señales de que tu ángel de la guarda está tratando de contactarte: Buda y karma". Buddhaandkarma.com, https://buddhaandkarma.com/blogs/guide/signs-your-guardian-angel-is-trying-to-contact-you

"10 Indicaciones para el Diario del 'Yo Superior'". Un gran estado de ánimo, 17 de octubre de 2022, https://agreatmood.com/higher-self-journal-prompts/#.

"11 significados del color de las plumas: el significado de las plumas y lo que simbolizan". Significados de color, 22 de agosto de 2020, www.color-meanings.com/feather-color-meanings-symbolism/.

"12 Arcángeles: Sus Nombres, Significados, Rasgos y Su Conexión con los Signos del Zodíaco y Fechas de Nacimiento". ALMA DE SAUCE, https://willowsoul.com/blogs/angels/12-archangels-names-meanings-traits-zodiac-signs-birth-date

"12 señales de que un ángel mensajero está cerca - Centro de Excelencia". Www.centreofexcellence.com, www.centreofexcellence.com/angel-messenger-12-signs/#.

"Una guía rápida para la meditación de los chakras | BetterSleep". Www.bettersleep.com, www.bettersleep.com/blog/a-quick-guide-to-chakra-meditation/.

admin. "Los siete ángeles de la semana ★ Angelorum". Angelorum, 16 de diciembre de 2014, https://angelorum.co/topics/angels/the-seven-angels-of-the-week/

Aletheia. "7 maneras de conectarte con tu animal espiritual". LonerWolf, 6 de febrero de 2014, https://lonerwolf.com/spirit-animal/#h-7-ways-to-discover-your-spirit-animal.

Anthony, Kym. "¡Nuestros 6 cristales favoritos para despertar tu autoconciencia espiritual!". Luna Tide, 20 de octubre de 2021, https://luna-tide.com/blogs/journal/crystals-for-awakening.

"Arcángel y signos del zodiaco| una Conexión Espiritual - AstroTalk.com". Blog de AstroTalk - Consulta de astrología en línea con astrólogo, 3 de marzo de 2020, https://astrotalk.com/astrology-blog/archangel-and-zodiac-signs/.

"ARCHANGEL GABRIEL y el CÁNCER". Tumblr, www.tumblr.com/whoismyguardianangel/148402320155/archangel-gabriel-and-cancer.

"ARCHANGEL JEREMIEL y ESCORPIO". Tumblr, www.tumblr.com/whoismyguardianangel/148402117040/archangel-jeremiel-and-scorpio.

"ARCHANGEL ZADKIEL y GÉMINIS". Tumblr, www.tumblr.com/whoismyguardianangel/148402350110/archangel-zadkiel-and-gemini.

"¿Son reales las auras? 16 preguntas frecuentes sobre el color, el significado y más". Healthline, 5 de enero de 2022, www.healthline.com/health/what-is-an-aura#presence-of-colors.

B. A., Inglés. "Reconociendo a los Ángeles de la Guarda en el Islam". Aprender religiones, www.learnreligions.com/muslim-guardian-angel-prayers-124056.

---. "Cómo los arcángeles pueden ayudarte a equilibrar tu vida". Aprende religiones, www.learnreligions.com/archangels-of-four-directions-124410.

---. "Cómo saber cuándo está cerca el arcángel Zadquiel". Aprender religiones, www.learnreligions.com/how-to-recognize-archangel-zadkiel-124287.

---. "Cómo reconocer al Arcángel Raziel". Aprender religiones, www.learnreligions.com/how-to-recognize-archangel-raziel-124282.

Beckett, John. "6 maneras de hablar con los dioses (y cómo escuchar una respuesta)". John Beckett, 4 de octubre de 2018, www.patheos.com/blogs/johnbeckett/2018/10/6-ways-to-talk-to-the-gods.html.

Benner, Mara. "Aprenda 5 maneras de conectarse con sus seres queridos en espíritu". Four Directions Wellness, 27 de octubre de 2019, https://fourdirectionswellness.com/2019/10/27/learn-5-ways-to-connect-with-your-loved-ones-in-spirit/

"Ser Superior: 3 Formas Efectivas de Conectarse con la Guía Interior". Diarios de Pergaminos de Alma, https://soulscrolljournals.com/blogs/news/higher-self-3-effective-ways-to-connect-to-the-guidance-within

"¿Cómo funciona un ángel de la guarda?". Catholic Answers, www.catholic.com/magazine/online-edition/how-does-a-guardian-angel-work.

"Cómo conocer a tus ángeles de la guarda + desbloquear su poder". Mindbodygreen, 24 de mayo de 2016, www.mindbodygreen.com/articles/how-to-get-to-know-your-guardian-angels.

"Cómo reconocer al Arcángel Chamuel". Aprende religiones, www.learnreligions.com/how-to-recognize-archangel-chamuel-124273.

"Cómo reconocer al Arcángel Miguel". Aprender religiones, www.learnreligions.com/how-to-recognize-archangel-michael-124278.

"Cómo reconocer a Ariel, ángel de la naturaleza". Aprende religiones, www.learnreligions.com/how-to-recognize-archangel-ariel-124271.

"Cómo tu ángel de la guarda puede enviarte mensajes a través de los olores". Aprender religiones, www.learnreligions.com/contacting-your-angel-scent-messages-124357.

"LEO y ARCHANGEL RAZIEL". Tumblr, www.tumblr.com/whoismyguardianangel/148402290140/leo-and-archangel-raziel.

McGinley, Karson. "7 meditaciones de chakras para mantenerte en equilibrio". Chopra, 3 de febrero de 2020, https://chopra.com/articles/7-chakra-meditations-to-keep-you-in-balance

"Conoce al Arcángel Jofiel, Ángel de la Belleza". Aprender religiones, www.learnreligions.com/meet-archangel-jophiel-124094.

Nast, Condé. "Todo lo que necesitas saber sobre los números de los ángeles". Allure, 24 de diciembre de 2021, www.allure.com/story/what-are-angel-numbers.

Oinam, Goutamkumar. "Mitología sobre los dioses guardianes de todo el mundo". Medium, 17 de febrero de 2022, medium.com/@goutamkumaroina/mythology-about-guardian-gods-across-the-world-7cf662780198.

"Rafael, Miguel, Gabriel, Uriel: Arcángeles de los 4 Elementos de la Naturaleza". Aprender religiones, www.learnreligions.com/archangels-of-four-elements-in-nature-124411.

Shah, Parita. "El Centro Chopra". The Chopra Center, 14 de mayo de 2019, https://chopra.com/articles/what-is-a-chakra

Silva, Jorge. "9 Simbolismo de la Nube y Significados Espirituales (y Nube Oscura)". Angelical Balance, 3 de septiembre de 2022, www.angelicalbalance.com/spirituality/cloud-symbolism-spiritual-meaning/#9_Cloud_Symbolism_and_Spiritual_Meanings.

"Significado de Sugilita: propiedades curativas físicas, mentales y espirituales". Pequeños rituales, https://tinyrituals.co/blogs/tiny-rituals/sugilite-meaning

"Los Maestros Ascendidos: ¿Quiénes son y cómo pueden ayudar?". Kaliana Cuidado Emocional, www.kaliana.com/blogs/eatdrinkthink/the-ascended-masters-who-they-are-and-how-they-can-help.

"Los Cuatro Cuerpos: Físico, Emocional, Mental y Espiritual". Goop, 9 de abril de 2015, https://goop.com/wellness/spirituality/the-four-bodies/

Los Cuatro Arcángeles Importantes. www.divineblessingsforall.com/the-four-important-archangels/.

Los Siete Chakras – Vórtices de Poder. www.himalayanyogainstitute.com/the-seven-chakras-vortexes-of-power/.

Tran, estiércol. "Meditación de ángeles para mantenerse en contacto con sus ángeles". Medium, 2 de julio de 2018, medium.com/@dunglongtran/angel-meditation-for-keeping-in-touch-with-your-angels-df2a3b6961d2.

Vaudoise, Mallorie. "Un ritual para reconectar con tus antepasados". Espiritualidad y Salud, 24 de noviembre de 2019, www.spiritualityhealth.com/articles/2019/11/24/a-ritual-to-reconnect-with-your-ancestors.

"Visualizando a tu ángel de la guarda". Www.beliefnet.com, www.beliefnet.com/faiths/faith-tools/meditation/2007/03/visualizing-your-guardian-angel.aspx.

"¿Quién es el Arcángel Miguel y 5 canta sobre el Gran Protector?". Www.alittlesparkofjoy.com, 10 de mayo de 2021, https://www.alittlesparkofjoy.com/archangel-michael/

"Quién es tu ángel de la guarda y qué hace: 10 cosas". Holyart.com Blog, 16 de mayo de 2018, www.holyart.com/blog/religious-items/who-your-guardian-angel-is-and-what-they-do-10-things-you-should-know/.

Wong, Kenneth. "Los 7 Arcángeles: Nombres, Significados y Deberes". The Millennial Grind, 5 de julio de 2021, https://millennial-grind.com/the-7-archangels-and-their-roles/

"Yoga y Conciencia: Una Meditación para Acceder a tu Ser Superior". Healthline, 15 de noviembre de 2021, www.healthline.com/health/fitness/yoga-and-consciousness#A-meditation-for-consciousness.

Yugay, Irina. "Cómo Conectar con tu Ser Superior, según los Maestros de Espiritualidad". Blog de Mindvalley, 10 de mayo de 2022, https://blog.mindvalley.com/higher-self/

# Fuentes de imágenes

[1] https://unsplash.com/photos/DRgrzQQsJDA?utm_source=unsplash&utm_medium=referral&utm_content=creditShareLink

[2] Hatps://picsby.com/images/id-5628622/

[3] https://www.pexels.com/photo/close-up-photo-of-caution-signage-4447140/

[4] https://commons.wikimedia.org/wiki/File:Four_elements_representation.svg

[5] https://unsplash.com/photos/HfGEtmnRwuE?utm_source=unsplash&utm_medium=referral&utm_content=creditShareLink

[6] Hatps://picsby.com/images/id-1836875/

[7] Hatps://picsby.com/images/id-3777403/

[8] *Nordwest, CC BY-SA 4.0 <https://creativecommons.org/licenses/by-sa/4.0>, vía Wikimedia Commons* https://commons.wikimedia.org/wiki/File:Buddha_in_Meditation_2023-05-11-22.jpg

[9] https://commons.wikimedia.org/wiki/File:Ganesha_Basohli_Miniatur_Circa_1730_Dubst_P73.JPG

www.ingramcontent.com/pod-product-compliance
Lightning Source LLC
Chambersburg PA
CBHW072152200426
43209CB00052B/1157